非遗之美

山东省非物质文化遗产赏析②

主编 **王传东**

前言

非物质文化遗产（以下简称"非遗"）是人民世代相承、与人民生活密切相关的各种传统文化表现形式和文化空间。我国非遗是中华文明的瑰宝，是文化多样性和文化创造力的体现。它延续着我们的文化脉络，承载着历史的记忆。

中国是一个历史悠久的文明古国，有着丰富宝贵的非遗资源。自 2005 年以来，国家加强了对非遗的保护，逐步形成了较为完善的非遗保护政策，建立了从中央到地方的分级保护制度。

随着经济全球化和现代化进程的加快，我国文化生态环境发生了巨大变化，非遗受到强烈冲击——许多依靠口传心授的文化遗产正在消失；许多精湛的传统技艺濒临失传；许多极为珍贵的实物与资料丢失或遭到严重破坏，非遗保护与传承的工作面临着许多亟待解决的问题。加强非物质文化遗产保护，不仅是国家和民族发展的需要，也是国际社会文明对话和人类社会可持续发展的必然要求。

山东是中华文明的重要发祥地之一，始祖文化、东夷文化、齐鲁文化源远流长，孕育出丰富多彩、异彩纷呈的非物质文化遗产。在中共山东省委、省政府的高度重视和正确领导下，在社会各界的大力支持下，在全省从事非遗保护工作者们的不懈努力下，我省非遗保护工作取得了显著成效。

2016 年，文化部、教育部正式启动中国非物质文化遗产传承人群研修研习培训计划。受文化部委托，在山东省文化厅的指导下，山东工艺美术学院相继承办了木版年画、剪纸艺术、陶瓷烧制、葫芦技艺、核雕、木雕、内画、织绣等培训班，为弘扬中华优秀传统文化，推进非物质文化遗产的传承，特别是推动非遗进校园和非遗研培教学做出了重大贡献。笔者本人和编委们担任了山东工艺美术学院"中国非物质文化遗产传承人群研修研习培训计划"试点培训的组织工作，并在工作当中实地走访了许多非遗传承人。这些传承人有九旬的老人，有年富力强的中年人，也有朝气蓬勃的年轻人。在走访过程中，我们参观了他们工作、生活的环境，聆听了他们的传承故事，现场记录了他们的技艺操作，用视频、图片、文字等手段将这些技艺完整地记录保存了下来，掌握了大量第一手资料，并出版了《中国"非遗"传承人口述技艺丛书》。该丛书入选"2018 年度影响力图书推荐·第二季"好书榜。

出版本丛书的目的就是想通过对山东非遗项目中传统美术、传统手工技艺的多方位介绍，展示我省非遗保护成果，让读者了解山东丰富多彩的非遗文化。本系列丛书所介绍的 30 多项非遗项目，多数为山东省具有代表性的非遗项目，通过它们，我们可以了解到齐鲁大地的民风民俗。本丛书内容丰富、图文并茂。图片中有国家级非遗传承人的代表作品，也有优秀学员的佳作，是读者了解齐鲁文化，了解山东传统美术、传统手工艺的良好工具书。

山东各地文化部门和非遗传承人在本书的编写过程中积极配合，提供了大量第一手资料和帮助，在此一并表示感谢！

王传东

2019 年 8 月

目录

黄县窗染花 王传东

　　在山东龙口盛开着一朵美丽的民间艺术奇葩——黄县窗染花。黄县窗染花始于清朝道光年间（1821—1850年），迄今已有200多年的历史，随着时间的推移，黄县人吸取东北地区剪纸和外来木版年画染色技法精华，创造出剪刻与色彩点染相结合的窗饰制作技法，后称为黄县窗染花。黄县窗染花是农村生产、生活过程中产生的一种民间艺术，反映人民群众追求幸福美满生活的良好愿望，对研究胶东农村的生产、生活以及民俗风情、意识形态等具有重要的参考价值。同时，黄县窗染花制作过程属艺术再创作，作品色彩鲜明，幅可大可小，既可直接粘贴，又可长期保存；创作时，剪刻刀落处当即成形，难以增减修补，具有较强的艺术性及较高的收藏价值。2009年9月，黄县窗染花被列入第二

《春游》 宋吉英

批山东省省级非物质文化遗产名录。

　　说到黄县窗染花，就要先说一下窗花。美丽精致的窗花已经有上千年的历史，在宋朝、元朝逐渐发展流行起来。在古代，贴窗花就成了喜庆节日烘托气氛的象征，每当到了春节，各家各户都会把红彤彤的各种图案的窗花贴上，有的粗犷古朴，有的简洁明丽，有的生动风趣，充分表现了人们对节日到来的美好寄托之情。窗花在明清时代逐步走上鼎盛时期，那时的剪纸思路新奇，手工技艺千变万化，是一个百花齐放的绚烂时期，而黄县窗染花就是在那时孕育而生。

　　过去，在龙口会这门民间手艺的人不少，每到过年的时候，几乎家家都要贴窗花，以示喜庆吉祥。黄县窗染花民间制作艺人在黄县（今龙口市）各乡镇均有分布，几乎村村都有，其中，大多数是农村妇女。随着社会的发展，这种技艺逐渐流传到周边县市和地区。当时，人们在云母薄片上绘图着色并用来装饰环境，称为"花"。黄县人去东北经商的人很多，他们把当地一种剪与简单勾画的剪纸形式传到了黄县，经过黄县民间

《福禄寿》 宋吉英

《福佑安康》 宋吉英

《连年有余》 许丽

《梅兰竹菊》 宋吉英

《狸猫换太子木板线稿》　顾朋泉收藏

《吕洞宾戏牡丹木板线稿》　顾朋泉收藏

剪纸艺人的再创造，就产生了一种新的剪、刻与染色相结合的剪纸形式。因为胶东剪纸独树一帜，线条非常优美，窗染花风靡一时。现在当地分布较为集中的区域在牛牛居、菜园泊、赵家庄、北关等东城区的十几个村庄。新中国成立前后，市场上出现过卖窗染花的，但销量不大，品种不多，用料质量不算太高。后来，菜园泊村的王洪猷老先生采用"拖色法"，使窗染花出现立体感。通过二次上色，让窗染花层次更加分明逼真，深受欢迎。鼎盛时期在 20 世纪 60 年代初。当时大多是农家妇女剪染，其中不乏手艺精湛的民间艺人。他们在农闲季节制作窗染花，除了春节自用和赠送亲朋，还进行销售，补贴家用。当时窗染花非常抢手，一套能卖几块钱，在当时是一笔不少的收入。

《水漫金山寺》 顾朋泉收藏

《十二生肖》 顾朋泉收藏

黄县窗染花的制作原料为白纸（普通薄白纸、生熟宣纸均可），制作工具有剪刀、刻刀、毛笔、品色、石蜡（后用桐油、清漆替代）等。制作黄县窗染花时，先剪刻花样，常用的手法有剪刀剪和刀刻两种。剪刀剪是用剪刀剪出花样，再把几张纸用纸捻固定起来，用剪刀重复剪出图样；刀刻则是先把纸张折成数叠，然后用小刀按花样图形慢慢刻出图样。剪刻过程完成后，在花样空白处用毛笔蘸颜料涂色，要注意色彩变化和色调搭配，个别地方也可渲染，如用生宣纸创作，需注意落笔的浓淡深浅变化，最后用石蜡（或桐油、清漆）涂染，完成创作过程。这样创作出的作品明快绚丽、晶莹剔透、美轮美奂。黄县窗染花取材的内容很广泛，欢乐祥和、四季平安、吉祥如意等都是其表现的主题。黄县窗染花制作最费事的就是窗染花需要上好几层颜色，每层需要晾干后再上第二层，最后还要对细节做进一步的描绘，产量低，工序复杂。

　　窗染花给人感觉乡土气息浓烈，但现在却鲜有人去涉猎。龙口市文化局副局长吕安奎认为，造成窗染花不景气的原因是多方面的。其一，时代在发展，多数青少年更喜欢动漫及明星贴画等。其二，传统的工艺美术形式与现代化的居住环境很难融合。三是制作窗染花的老艺人相继过世，他们的制作手艺没有得到传承。费时费力的窗染花无人问津，而市场充斥着机印贴画，百年工艺逐渐被电脑制作的贴花打败。窗染花，这门曾经传承百年的民间工艺面临窘境，这得到各界人士的高度关注。如今，这个项目入选省级非物质文化遗产项目，黄县窗染花已经开始被重视，抢救、保护和传承等措施相继出台。黄县窗染花，相信会再放异彩。

《拾玉镯》　顾朋泉收藏

鄄城砖塑 王传东

鄄城砖塑是山东省菏泽市特有的传统建筑装饰，有着悠久的历史。它不同于天津的砖雕，也不同于广东的灰塑，而是自成一派，保持了传统的民间捏塑和土陶工艺特色。鄄城砖塑以鄄城谢家砖塑为代表，烧制的神庙、家祠等建筑艺术构件，闻名方圆百里。谢家砖塑主要有戏曲砖塑和花鸟砖塑两种，花鸟砖塑题材多样，手法朴实率真，图案艺术风格具有浓郁的地方特色和鲜明的民族文化特色。戏曲砖塑将最受人们欢迎的戏曲人物和最为典型的场面创作为砖塑，从而在更大的范围流传。通过画面的故事情节，描述正义与邪恶、忠义与奸佞、善良与丑恶，寓教于乐，传承了历史，传承了文化。在人类学、民族学、民俗学、民间工艺美术及雕塑艺术研究方面具有重要的科研价值。鄄城砖塑 2008 年被

《双狮香炉》砖塑　谢新建
鄄城中国鲁锦博物馆

砖塑　谢新建　鄄城中国鲁锦博物馆

《时迁偷鸡》砖塑　谢学运
鄄城中国鲁锦博物馆

《野猪林》砖塑　谢学运
鄄城中国鲁锦博物馆

《周瑜赵云》砖塑　谢学运
鄄城中国鲁锦博物馆

列入第二批国家级非物质文化遗产名录。

　　雕塑艺术历史悠久，是中国传统技艺的主要形式之一，并随着时代的发展历久弥新，传承不衰。在悠久的历史进程中，雕塑艺术的形式逐渐多元化，并衍生出一种兼具实用和欣赏的民间技艺——砖塑。山东鄄城谢家砖塑这一建筑装饰艺术在民间传承发展，独具特色，在民众的生活中影响深远。谢家砖塑从清光绪年间（1875—1908年）开始，世代相传。自谢光芳始，经谢振乾至谢学运，历三世。砖塑制品流传于鲁东豫西一带，经谢家雕塑烧制的神庙、家祠等建筑艺术构件，闻名方圆百里。谢家砖塑代表性人物谢学运，男，1928年出生，菏泽市鄄

砖塑　鄄城中国鲁锦博物馆

城县人。谢学运自 12 岁开始跟父亲谢振乾学习砖塑制作，因天资聪颖，学习认真，很快就掌握了砖塑制作的整套技艺。2009 年，谢学运被文化部公布为国家级非物质文化遗产项目代表性传承人。值得庆幸的是，他的砖塑手艺后继有人，五个儿子中有三个从小就跟他学习砖塑制作技艺，其中尤以第五子谢瑞德技艺最为精湛，已掌握了砖塑制作的全部核心技术。

　　谢家砖塑题材主要有戏曲和花鸟两种，其中戏曲题材占绝大多数。谢学运善于捕捉戏曲故事中经典人物和场面的典型瞬间，塑造成自己手下的砖塑形象，形神兼备，惟妙惟肖，广受欢迎。经过近六十年的砖塑生产实践，谢学运具备了高超的砖塑艺术创造力和表现力，经他烧制的神庙、家祠、民居等建筑上的砖塑构件闻名遐迩。1986 年，谢学运专门为县文物管理所制作一批花鸟和戏曲人物砖塑，用于开办砖塑艺术展室，受到县文化局的表彰。主要代表作品有：《西游记》《千里送京娘》《姚刚征南》等戏曲内容的砖塑；《凤凰牡丹》《双狮戏球》等花鸟动物造型砖塑；滚龙脊、莲花脊、龙吻、狮子、鸡、鱼、马等民居建筑构件。

谢家砖塑在艺术构思和表现形式上，现实主义和浪漫主义相结合，多运用变形、夸张、概括的手法，造型生动传神，层次分明，线条清晰流畅，人物造型和情景表现形式多样。在制作方法上，高浮雕和浅浮雕并用，线条清晰流畅，层次分明，造型生动传神。

　　砖塑是全手工制作的，工具有木尺、麻刷、切刀、挖刀等。砖塑的制作和使用有严格规定。拿砖塑制作的屋脊内容来说，有功名的大户人家才可以使用游龙盘旋的"滚龙脊"，一般百姓家使用荷花水禽内容的"莲花脊"。谢学运的孙子谢新建介绍，他从记事开始，就看长辈制作砖塑，耳濡目染也就学会了。当时，家门前老是停着来买或来预定砖塑的人，门前的队排很长。由于当时砖塑比较流行，作品不用专门到集市上摆摊销售，仅专程登门订货的就应接不暇，鲁西南一带乃至临近省份，凡有建庙、修祠、盖房者，很多都到鄄城谢家订货。90年代以后，随着楼房的逐渐兴起，砖塑这种建筑装饰用构件的使用量越来越少，而机器制作的花式砖瓦也因为价格优势，蚕

砖塑　鄄城中国鲁锦博物馆

食了相当一部分市场，传统的手工砖塑逐渐失去了竞争力。另一方面，祠堂建筑格局和装饰观念的改变，也使砖塑市场逐渐萎缩。谢新建表示，国家给了谢家砖塑国家级非物质文化遗产的称号，自己不能对不起这个称号，一定要把这门技艺传承下去。谢新建实在不愿意这门技艺在自己手里断了传承。最近几年，在当地政府的帮助下，他重建了砖窑，还在学校里开设了砖塑兴趣班。

目前，很多非物质文化遗产项目面临着难以为继，甚至失传的困境，古老的技艺如何才能融入现代生活，焕发新的生命力呢？一方面，要加大对传统文化的宣传，让更多的人了解砖塑，喜欢砖塑，另一方面，既然砖塑不能再应用到房屋的外饰上，那么可以在保留原有特色技法的同时，适应现代人的审美情趣，把砖塑做成室内装饰品，甚至是可以摆放的工艺品，只要有了需求，相信鄄城砖塑的未来一定会更加美好。

《吉祥》砖塑　谢学运　鄄城中国鲁锦博物馆

《鸽子》砖塑　谢学运　鄄城中国鲁锦博物馆

《戏曲人物》砖塑　谢学运
鄄城中国鲁锦博物馆

《松鹤延年　批毛狮子》砖塑　谢学运　鄄城中国鲁锦博物馆

莱芜锡雕 王传东

莱芜锡雕又称西关村王家锡雕，山东莱芜传统民间雕刻艺术品。锡雕工艺历史悠久，源远流长，明清时期锡雕在民间已相当盛行。据史料记载，莱芜锡制品第一代传人可以上溯到公元1676年，莱芜锡制品就已受到朝廷青睐，成为贡品。莱芜制锡艺术在清朝乾隆年间已高度发展，当时从事锡雕加工制作的艺人主要分布在莱城西关、杨庄、寨里一带，而艺术水平较高的首推莱城西关王氏一家。莱芜锡雕以其独特、精湛的技艺和观赏价值，备受青睐，成为享誉国内外鉴赏和收藏的艺术珍品。

莱芜锡雕历史悠久，早在明清时期，莱芜制锡世家王家就名扬华夏。莱芜地区有近3000年的矿冶历史，据考证，早在商代就已经开始冶铜铸器，在济南市莱芜区口镇北江水村西的玉皇顶山上，就有

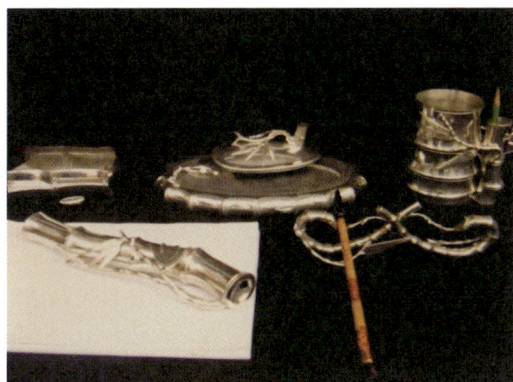

《清竹文房用具》 王圣良

《福寿酒具》 王圣良

《独占鳌头砚台》 王圣良

《九龙兽耳香鼎》 王圣良

一处商代铜矿遗址——绿矿洞遗址。而冶铸青铜器又离不开锡，因此莱芜用锡的历史与青铜器一样久远。在我国民间众多手工艺中，锡雕工艺犹如一颗璀璨的明珠诞生于济南市莱芜地区，且距今已有300多年的历史。在漫长的地域文化长河里，莱芜锡雕因其独特精湛的技艺及观赏价值而备受国内外鉴赏家和收藏家的青睐，历经岁月的洗涤，长盛不衰。

史料记载："乾隆女婚嫁至曲阜，由京派人于莱芜定制。"现孔府所藏部分锡制品就是乾隆皇帝女出嫁时定制，可见这一时期的锡雕工艺已达到了艺术高峰期。目前，莱芜锡雕在国内的工艺美术展览会上也屡获殊荣。2018年9月，莱芜锡雕参加了第五届中国非物质文化遗产博览会，并在展会现场受到了社会各界的广泛好评。

莱芜锡雕在制作工艺上，有别于南方机制锡器的铸造成型，完全采用手工技法打造器具外形，作品多为空心结构。莱芜锡雕，以纯度99%以上精锡为原料，以锉、锤、刀为主要工具，经设计、化锡、制钣、下料、焊接、铣磨、雕刻等十几

《风语》 王绪贤

《白猿献寿》 王绪贤

道工序；制作技法上采用锻、塑、雕、焊、镶嵌、多材质组合等技法，凹雕、线雕、浮雕并用，表面抛光度可达 10 级以上；造型紧凑、简约玲珑、收放自然、比例协调，并以色如银、亮如镜，温润略带珠光色，声如磬而独具特色。

在雕刻技法上借鉴木雕、石雕的雕刻工艺，结合金属可熔可焊的性质，独创了"拉焊"的金属雕刻技法，在塑造作品形象上可加可减，深浅浮雕并用，作品灵动自然。据史料记载，莱芜锡雕艺人受紫砂制作工艺的启发，将锡雕由原来单纯的实用性，推上了艺术性的高度。器皿制作多以观赏性、适合把玩的礼器摆件为主，开始作为独特艺术品推向市场。莱芜锡雕，按类别分为礼器、饮具、灯烛具、烟具、薰具、文具、化妆盒、纪念章、浮雕摆件、花瓶、储藏用品等；按表现内容与形式分为花、鸟、鱼、虫、龙凤、走兽、吉祥物、人物、诗词歌赋、传说故事等，多达 100 种以上，借助地域文化故事传说、瑞兽花鸟、诗词等来表达人们的思想和愿望，寄托人们美好的精神向往。

《心诚籽实》 王圣良

《金瓜壶》 王绪贤

《葫芦提梁煮茶器》 王绪贤

　　莱芜锡雕有六绝："一锻、二焊、三塑、四錾、五雕、六抛"。所用工具有：刀、锉、锤子、板子、异型剪刀、刻刀、錾刻刀、砧子、台具、夹具。所需材料有：99%以上精品锡、铜丝、铜板、水晶、琉璃、珍稀木材、玉石、宝石、藤皮、紫砂等材料。莱芜锡雕的制作流程分为：构思、绘稿、融锡、制板、下料、整形、焊接、锻打、塑形、雕刻、錾刻、抛光等十几个流程，几十道工序。莱芜锡雕用料考究，优质的原材料既保证每一位锡雕使用者的人身健康与安全，也保证每一件锡雕作品的优雅质感与高贵品质。其古朴简约的设计与永恒的优雅气质，演绎了中国式的生活方式与品位。莱芜锡雕优质的选材，精湛的技艺，富有内涵的创意，是纯正锡雕艺术的象征，是中国锡雕文化的缩影。

为了使莱芜锡雕事业再创辉煌，莱芜政府和文化部门加强了对传统锡雕文化挖掘、整理、保护、承传、发展等方面的工作，同时开展培训、研发、设计，组织学术会议、讲座，开展文化交流。在现代技术日益发展进步的今天，莱芜锡雕厚重的历史价值和独特的审美价值，必将随着社会的发展而进入一个全新的发展时代。

《盛世和谐》 王圣良、王绪贤

曲阜尼山砚制作技艺

王传东

　　尼山砚，中国名砚之一，因其石产于孔子诞生地曲阜尼山而得名。它是曲阜独有的优秀传统工艺品，世代相传绵延至今，为鲁砚重要品种之一，与楷木雕刻、碑帖一起被称为"曲阜三宝"。"笔、墨、纸、砚"统称文房四宝，为古代文人不可缺少的工具，也是近代书法家必备文物，尼山砚作为名砚——鲁砚的一种，在其中也算得佼佼者了。尼山砚多利用料石的自然形状雕制砚床，利用天然石纹雕刻装饰，造型古朴大方，砚台色泽鲜明，极具实用价值和收藏价值。曲阜尼山砚制作技艺于 2009 年被列入第二批山东省省级非物质文化遗产名录。

　　尼山石制砚有着悠久的历史，宋代文人李之彦所著的中国第一部《砚谱》中曾记载："鲁国孔子庙中石砚一枚，甚古朴，孔子平生时物也。"在该

《尼山石同辉砚》 丁辉　　　　　　　　　　　　《尼山石源源砚》 丁辉

《砚谱》中就称为"孔子砚"。据此推断，尼山孔子砚传说砚距今已有 2500 余年历史。明万历二十四年（1596 年）刻本的《兖州府志》记载："尼山之石，而为砚，文理细腻，亦佳品也。"清乾隆年间修订的《曲阜县志》载："尼山之石，文理精腻，质坚色黄，可以为砚……"尼山为石山，但可以制砚之石甚少，尼山孔庙北有砚台沟，暴露于地面的灰黄色石块，石质粗糙，硬度不均，吸水渍墨，不宜制砚，只有深层的中黄色石坚细温润，不渗水，不渍墨，发墨有光，才可制砚。

"尼山"，原名尼丘山，因孔子名"丘"，避其讳，故易名"尼山"。尼山，位于曲阜城东南 39 公里，是孔子出生的地方。据明嘉靖四年（1525 年）戴光编修的《邹县地理志》记载："尼丘山去城东 60 里，在鲁源社、鲁源村。昔启圣王夫人颜氏祷于此，而生孔子者也，其山五峰连峙，中峰之麓有孔子庙。"志书中把尼山列为古邹十六景之一"尼山毓圣"。历史记载尼山砚石产于尼山孔庙北的砚台沟，随着时间的推移，已很难找到砚石。1949 年前一直被孔府所控制，产品很少。其后，特别是 70 年代中后期，山东省工艺美术研究所与曲阜市工艺美术厂

《孔子行教像砚》 李飞

《破而立》 李飞

《圣地仙境》 李飞

通力协作，在鲁砚专家石可的指导下，终于在尼山五老峰下找到了新坑。种砚石在石灰岩的夹层中，石厚 3 厘米至 6 厘米不等，色呈柑黄，面有疏密不均的黑色松花纹，石质精腻，抚之生润，下墨利，发墨好，久用不乏，是尼山砚石中的上品，且储量较丰，为尼山砚的制作提供了理想的材料。

1978 年，曲阜市工艺美术厂恢复生产尼山砚。其主要产品有"松花砚""葫芦砚""古琴砚""书简砚""古柏砚""竹节砚""芭蕉砚"等，以及各种规格的实用与欣赏相结合的旅游产品小砚。恢复生产以来，有关报纸杂志都纷纷进行报道、介绍。尼山石砚因其在众名砚中别具一格，颇为书画艺术家和收藏家所青睐，加之产于圣人之地，文人墨客无不以得之为幸。1978 年，尼山砚作为直砚的一个品种，在北京直砚汇报展览会展出，受到了书画名家的一致赞赏，纷纷题词写赞。1980 年，尼山砚又到日本的东京、大阪进行展销，反响甚佳。1984 年尼山砚在北京参加了"首届全国文房四宝展览"。

尼山砚石质坚细温润，不渗水，不渍墨，发墨如锉有光，舔笔如油，拭不损毫，久用不乏。色彩丰富，除传统的中黄色外，还有豆青色、棕褐色、黄褐色。纹理细腻多样，除传统的褐黑色松花纹理外，又有水纹和山水画纹理，其中石面呈柑黄和黑色松花纹理是尼山砚石最具特征的颜色、纹理，也是评价和鉴别尼山砚的重要标志。尼山砚的制作以简朴大方见长。一方砚石，巧用自然，略加点缀，情趣盎然。尼山砚在制作上，区别于其他名砚，依据鲁砚"巧夺天工，简朴大方"之基本，加之尼山砚传统制作手法，形成了"粗中有细，细中有粗"的独特艺术风格——运用自然，加以点缀，以求意境为上；制作过程中，因材施艺，依形开墨堂、墨池，极少雕琢点缀，充分利用天然花纹。尼山砚的佼佼者为松花砚，石色褐黄，遍布青

《繁花》 李飞

《知福砚》 李飞

《一片祥和》 李飞

《守拙》 李飞

《随型砚》 李飞

《锦灰图》 李飞

黑色松花纹，其砚利用料石的自然形状开墨堂、墨池，砚额将松花纹剔成浮雕，形成独特的艺术造型，雅致可爱。尼山砚石天然形成米黄、橘黄两色，相互辉映，色彩鲜明，雕刻艺人因石制宜，精心用料，可以雕出千姿百态的神润文化砚。清代制砚家徐坚曾在尼山砚上题铭曰："不方不圆，因其自然，固差胜于雕镌。"

目前，尼山石砚已成为鲁砚的重要品种，产品花色不断增加。近年来为了充分利用原材料，根据尼山石的特点，又开发研制了尼山石文具及各种规格的图章料等。产品销往日本、韩国、新加坡、法国、美国、英国、加拿大等30多个国家和地区。1987年尼山砚作为中国孔子基金会的高级礼品，赠送参加"首届国际儒学学术讨论会"的国内外专家学者。尼山石砚被载入《中国书法大辞典》《中国工艺美术辞典》。目前，孔子尼山砚已被国内外专家誉为"中华文化第一砚""国砚"，成为鲁砚的首要代表，是砚中的瑰宝。

曹县木雕 任仲全

曹县木雕2009年被列入第二批山东省省级非物质文化遗产名录。曹县木雕渊源与中国传统木雕一脉相承，是当地民众适应生产生活及祭祀需用而产生的雕刻技艺。明清时曹县木雕技艺已颇为成熟，发展传承至今已有7大类3600多个品种，其中木雕屏风、挂屏、立体艺术台屏、神龛、罗汉、佛像以及各种家具雕刻装饰组件等艺术性较高的制品，是近年来曹县木雕行业在传统雕刻工艺形式基础上的一个创新，已形成木制品深加工向产业化发展的格局。

曹县当地盛产白杨木，田间地头，乡野村间均大量种植，以满足自给自足的生产生活器用取材，这也为当地木雕工艺的发展奠定了良好基础。

传统的曹县木雕主要指相糖模、月饼模及家具

曹县木雕

曹县木雕

木雕的制作，它是适应当地民俗文化需求而产生的。例如相糖模木雕的出现就是受当地丧俗祭祀的影响。旧时人们常模塑相糖形象作为供奉用品。"相"取自"丞相"之意，因为丞相是供奉王的，塑造两个丞相形象的侍者作为供奉用品，相糖中的各种供品与现实中的物品有相同的含义，如牌坊具有纪念和象征意义，狮子守护门庭家园，冥柱具有铭记之意，以丞相为侍者寄予对先人的崇敬，同时也寓指子孙后代仕途顺畅，以此表达对祖先的深切缅怀之意。正是这一习俗催生出相糖模木雕的制作。再如月饼模是应当地八月十五烙月饼习俗而产生。人们对各种模具的多样化需求，也刺激了木雕形式及纹样的丰富与发展。

曹县木雕花纹图案种类繁多，样式有悬雕、透雕、浮雕、圆雕、平雕等，题材多以吉庆祥瑞寓意的内容为主，它是适应当地民众生产生活、祭祀信仰需求而产生的。逢年过节，婚丧嫁娶，日常生活，都要用各种木雕模具来制作点心，如用来制作祭祀相糖供品的模具，八月十五压印月饼的模具，用来制作祝寿寿馍的模具等。家具、牌匾、屏风等日常起居装饰、神龛装饰也要以各种木雕作装饰。这些充斥生活角角落落的木雕艺术作品折射出曹县人独特的审美情趣和浓郁的吉祥文化色彩。

传统的曹县木雕以曹县城关办事处、孙老家镇最为有名，其木雕作品深受广大民众喜爱。曹县木雕技艺精湛，图案纹样构思巧妙，是研究曹县传统民俗文化的形象资料，具有较高艺术价值与历史文化价值。

曹县木雕的制作过程需熟练的技艺与艺术悟性。特别是精雕过程，细致的花纹完全靠艺人的想象，直接雕绘，做到意在笔先。且雕刻时一气呵成，不拖泥带水，线条流畅有节奏；木雕制作及使用过程也呈现了艺人技艺的精湛，依据造型的需要

曹县木雕

曹县木雕制作场景

曹县木雕

和雕刻方面灵活用刀，它是民间艺人对材料、工具、民间文化的有机整体掌控的技能体现。

曹县木雕品类众多，多以吉祥寓意题材为主，制作时善以意塑形，精工雕刻，形象简洁明快，造型逼真，古朴之中见精美，大俗之中见雅韵。传统的雕刻方式和制作方法及其选材都体现了民间对于自然及其人生的热爱，也表现出独特的审美追求。在艺人们的精工细琢中也同样表现出木雕技术美与艺术美的完美结合。

主要传人：蔡秀芳，女，1962 年生，曹县倪集乡李庄村人，1978 年高中毕业后跟随陈尚一学习专业雕刻。由于她禀赋极高，在短时间内就掌握了木雕手艺，后来她不断摸索与创新，发展了传统木雕品类与题材，现在国内木雕行业有较强的影响力。

曹县木雕制作场景

成武刻瓷　任仲全

刻瓷于 2016 年被列入山东省省级非物质文化遗产扩展名录。刻瓷艺术是一种传统手工艺术，因为陶瓷与雕刻的结合使得作品兼具"金石之韵"与"笔墨情趣"，并最终产生观之有形、触之有感的独特艺术魅力。山东刻瓷产品首先由青岛工艺美术研究所生产。1976 年成武县美术厂派人去青岛学习刻瓷技艺，至 1978 年，已培养出刻瓷专业技术人员近 60 名，成为全国首个以刻瓷为主要产品的企业，生产的数千件产品畅销欧美及东南亚。1979 年应日本恩巴株式会社邀请以"山东刻瓷展览"名义，在日本大阪展出刻瓷作品 200 余件，其中的花瓶高达 1.5 米以上，瓷盘直径 1 米多，最小 5 厘米，博得了国际友人的赞赏。

瓷刻，即以"刀"代笔，通过小锤和类似錾子

2014年刻瓷传承人楚成文参加第三届中国非物质文化遗产博览会　摄影：孔令艺

的"刀"在素面白瓷上敲打出深浅不同的痕迹，再经过染色等环节来展示艺术效果的艺术加工形式，是集绘画、书法、刻镂于一身，集笔、墨、色、刀为一体的传统艺术。用特制刀具在瓷器、瓷板表面刻画、凿镌各种形象和图案，通常也指在瓷器、瓷板上刻凿成的雕塑工艺品。

刻瓷制作，以素色瓷盘、瓷板、茶具、酒具、瓷瓶等为胎，利用各种特制刀具，经琢磨、凿、钻等工序制作而成。成武县美术厂技艺人员在生产实践中为增强刻瓷的表现力，研究、创出了不少刀法，如平、垂、叠、纵、斜、交叉、复刀刻等，还有铁线刻、阴阳刻，既可雕刻绵密细腻的工笔，也可制作恣肆粗犷的写意，甚至笔墨的浓淡干湿，皴擦点染、顿挫转折，纸上的水渍、笔触等都可表现，酷似真迹，并具有金石之古朴典雅效果，逐步形成了山东刻瓷的独特风格。

成武刻瓷始于清初。清初汉族民间已有人专门从事刻瓷行

2006年成武刻瓷在山东省首届文博会上展览　摄影：智绪明

2007年菏泽市文化产业成果展上王保杰展示刻瓷技艺　摄影：王保祥

2009 年刻瓷传承人王保祥在山东省文化产业
交流会上介绍刻瓷　摄影：陈春华

刻瓷传承人智绪明向学员传授刻瓷技艺
摄影：孔令艺

当，这期间陶瓷行业已经分化出了刻瓷分支，大多以平刻为主，基本技法均采用点线构图，因而在艺术表现力方面显得单调、单薄。至清乾隆后期，由于经济昌盛和文化生活的需求，皇宫中设置了"造办处"，成立了"镌瓷坊"，专业制造宫廷御用刻瓷工艺品。一些达官文人助推了刻瓷艺术的发展，他们在瓷板、瓷瓶、瓷盘上刻画书法、山水、花鸟、草虫等题材，展示了其时代文风。至此，刻瓷艺术真正发展成了陶瓷艺术的一门重要分支。20 世纪 70 年代，山东菏泽、青岛、淄博等地刻瓷业相继发展。专业和业余刻瓷队伍不断壮大。他们在中国传统刻瓷的基础上，不断创新，改进工具，完善工艺，形成了独特的艺术风格，其风格逐渐成为我国刻瓷艺术的主流。成武刻瓷在材质选择、工具运用及着色方法上都有所创新，达到了技术和艺术的统一。在艺术表现方法上，多以刻为主，利用多种工艺综合装饰，取得了良好的艺术效果。如山东工艺美术大师楚成文研制的堆、刻结合的宝石瓷《一览众山小》刻瓷瓷板，山峦形体凸起，立体感强，层峦叠嶂在淡褐色宝石瓷的衬托下，色彩尤为和谐，形成独有的风格。刻瓷传承人智绪明、王保祥的刻瓷作品也屡获全国艺术展览大奖。成武刻瓷的最大突破，也是其最大特征在于它突破了传统刻瓷中点、线、面的局限，而创新出多层次"套刻"技法，产生出"浅浮雕"艺术效果。

刻瓷传承人智绪明部分刻瓷作品　摄影：孔祥华

郓城古筝制作技艺　任仲全

郓城古筝制作技艺，2006年被列入第一批山东省省级非物质文化遗产名录。郓城古筝制作技艺产生于明洪武三十年（1397年），至今已有600多年的历史。从第一代传承人刁琅至今已有二十五代传承。

第一代，刁琅，男，1371年生，郓城县唐塔街道办事处刁庄村人。

第二十三代，刁秀欣（师傅刁景畔），男，1910年生，郓城县唐塔街道办事处刁庄村人。

第二十四代，刁望河（师傅刁秀欣），男，1947年生，郓城县唐塔街道办事处刁庄村人。

第二十五代，刁兆霞（师傅刁望河），男，1965年生，郓城县唐塔街道办事处刁庄村人。

刁秀欣，20世纪30年代，成为郓城制筝掌门人，在制筝工艺上独得其悟，所制之筝深得王殿玉、

郓城古筝成品

赵玉斋、高自成、赵登山等艺术大师的喜爱。1930 年，当刁秀欣闻知国乐大师、盲艺人王殿玉要赴上海演出时，亲自为其制作了一台 18 弦白碴筝，使王殿玉的演奏名震上海，出现了"曲尽人不散"的轰动场面。1956 年，刁秀欣为出国演出的赵玉斋制作了一台 21 弦筝，使其在捷克举行的第十一届"布拉格之春"音乐会演出获得极大成功。

为了使郓城古筝更好地发展与传承，传承人刁望河从 36 岁开始正式收徒授艺，他手把手地教出徒弟 11 人，其中刁兆霞、刁兆德等已成为各有特长的制筝师傅。

郓城县地势平坦，资源丰富，气候适宜，光照充足，土壤肥沃，土质偏沙性，特适合桐木生长，境内遍布桐树。丰富的桐木资源，为郓城古筝的制作提供了优质条件。

郓城制筝只选用桐木制作，采用纯手工技艺，钉子、胶水等现代材料一概不用，构件之间通过榫卯连接，严丝合缝，能够很好地适应热冷和干湿变化，避免了寻常古筝使用螺丝钉易生锈、变形而导致产品开裂、松动等毛病，使得郓城古筝在国内外独树一帜。目前，中国东方歌舞团、总政歌舞团等大型文艺演出团体以及中国音乐学院、山东艺术学院、西安音乐学院、沈阳音乐学院等使用的古筝，皆出自郓城。同时郓城古筝还远销美国、日本、韩国、朝鲜、新加坡几十个国家，获得了良好的社会效益和经济效益。

郓城古筝作坊根据郓城传统古筝古老的16弦制作原理，逐步完善，研制出18弦、21弦、23弦郓城古筝，并成功研制出独特的26弦、28弦筝，使演奏的音域更加宽广。

郓城筝的制作十分考究，分为选材、剖解、阴干、烘烤、刨板、黏合、组装七道流程。

郓城筝的选材为10至20年生长在沙壤土质上的青桐树，树身高不能低于5米，地上1米处直径要达到50厘米以上，树干的小头直径不少于40厘米。把采伐的鲜树干先在背阴通风处放置半年，而后再选朝阳面解下25厘米厚度的板材，把板材阴干方可进入烘烤工序，选择晴朗天气上炉烘烤桐木板面，烘烤的火候以不见明火不冒烟为宜，直至板材完全熟透为止。烘烤后先由刨工双臂伸直平推一遍，第一遍刨净板面毛碴，第二遍继续净面，直至刨净的板面用嘴吹可以听到咝咝的出气声。刨板之后的散板，用鱼膘接缝黏合。最后一道工序是安装组合，其步骤是：扣框、串门、上底、镶边、上乐山、粘花、抹腻子、喷漆、上弦、上码、调音。

郓城古筝制作技艺，具有较强的历史文化价值、艺术价值和社会价值。

1.历史价值。

就郓城制筝的传承性和工艺的缜密性而言，郓城古筝制作技艺600多年来没出

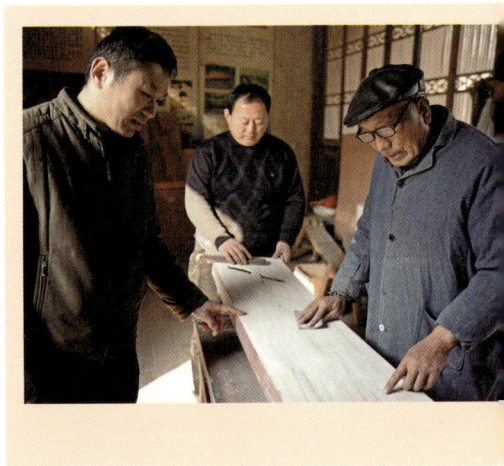

现过断代，不断创新，不断改革，一直发展延续至今，并成为许多筝乐演奏名家的首选之物。

2. 文化价值。

由于郓城古筝艺术积淀丰厚，数百年师承不断，使之形成了独特的地域色彩，成为山东筝派的发祥地，并涌现出几位中国乐坛大师级的古筝演奏家。从历代走出郓城大地的古筝演奏名家的成长经历来看，其演奏艺术几乎是伴随着郓城制筝工艺的演变和发展而不断提高。

3. 艺术价值。

郓城筝的制作工艺流程非常复杂，每一道程序都是采用口传心授的方式，正是这种长期实践经验，才使得郓城筝独领风骚。

4. 社会价值。

长期以来，筝一直是郓城建设文化艺术大县的亮点，就其社会影响力来说，在整个山东省也绝无仅有。郓城古筝深受海内外古筝演奏名家的喜爱，对构建和谐社会、促进文明建设起到了积极的推动作用。

郓城古筝制作技艺，自2006年列入省级非物质文化遗产代

古筝制作技艺传承人李钦民

郓城古筝制作工序——刨板

表性项目名录以来，郓城县委、县政府对古筝制作技艺十分重视。自2007年，由县政府牵头，至今已举办了五届以"古筝为媒"的联谊会，邀请了包括郓城籍古筝演奏家赵登山等国内外艺术家，来郓城参观刁庄古筝的制作和展销，在国内外引起强烈反响。

自2006年以来，郓城县文化馆对郓城古筝制作技艺的文献进行了收集、发掘、整理。文化馆还把每道工序、每个流程，以文字、图片、录像的形式，记录存档。

2007年4月，郓城宋江武校樊庆斌校长出资为刁庄作坊进行了选址翻新，把郓城刁庄古筝作坊搬迁到郓城好汉城景区，郓城古筝制作技艺得到了更有力的宣传，同时大大增加了古筝的销售量。

为保护郓城古筝制作的独特工艺，郓城县政府专门下文，明确规定"郓城古筝制作技艺为重点保护非物质文化遗产"，并累计投入资金210多万元，用于制作工艺的保护性研发和"齐鲁古筝馆"及"鲁韵筝社"的建设。从2015年起，连续五年划拨专款 20 万元，重点用于少儿筝艺演奏和制筝品质的研发。2016 年，为规划桐木繁育基地，县财政又拨专款 30 万元。

自 2006 年以来，郓城古筝作坊制作古筝 3000 余台，其中有 500 余台销往美国、日本、韩国、朝鲜、香港等十几个国家和地区。

为了更好地保护郓城古筝制作技艺，郓城县认真贯彻国家和省市关于加强非物质文化遗产普查工作的一系列部署要求，扎实开展非物质文化遗产普查保护传承工作，特制订了五年保护计划。

（1）组织专人进一步挖掘、整理和保护郓城古筝制作技艺，将资料汇编成册，以文字、图片、视频、音频的形式，进行存档，并将存档的全部资料纳入"郓城县文化艺术资源库"。

（2）坚持走"继承、融合、创新、发展"的老字号之路，使郓城古筝制作技艺在保护中发展，在发展中创新，在创新中实现向市场价值的转变，进而达到保护传承的目的。

（3）建立可行的人才保护机制，设立了郓城古筝制作技艺文化遗产保护基金，提高郓城古筝制作技艺传承人的待遇，成立了以刁望河、李钦民、刁兆霞为主的郓城古筝制作技艺顾问小组，发挥他们的"传帮带"作用，确保传统技艺人才不缺失，不断档，后继有人。

（4）改建郓城古筝作坊，以刁望河、李钦民、刁兆霞为主，开班授课，把郓城好汉城古筝作坊打造成为一个集生产、培训、参观、交流、研发、展销为一体的传习基地。

（5）加强研发工作，与相关的艺术院校展开合作，加强郓城古筝制作技艺的学术研究，联合教学和展览推广工作，发展线上、线下销售渠道，以销售带动文化产业的发展。

（6）建立以刁庄为龙头的古筝制作原生态保护村，扩大桐树栽培面积，加强桐木产地的原生态保护。

高密剪纸　孔大健

　　高密市位于山东省潍坊市的东南，东邻青岛市，地处山东半岛的中部偏东，民风淳朴，历史文化底蕴深厚，孕育了我国民间艺术中的高密扑灰年画、高密聂家庄泥塑和高密剪纸三种独特的非物质文化遗产项目，被人们称为"高密三宝"。2006年12月，高密剪纸被列入第一批山东省省级非物质文化遗产名录。2008年6月，高密剪纸被列入第一批国家级非物质文化遗产扩展项目名录。

　　历史悠久的高密剪纸深受我国传统文化影响且地方特色鲜明、民间分布广泛。高密文化形态受发源于现山东省泰安市大汶口文化的龙山文化影响，早期纹饰风格充满了氏族部落图腾特征，形成了剪纸艺术的图案基础，历史上，汉代画像石画像砖的造型手法也影响了高密剪纸的纹样。伴随封建王朝

《五谷丰登》 齐秀花

《脱贫志坚》 齐秀花

《老子骑牛图》 齐秀芳

《绣花嫁妆》 齐秀芳

《扣碗》 齐秀芳

的更迭，高密地区逐渐汇聚了来自四面八方的迁徙人群。安定的生活是艺术衍生的基础，迁徙而来的人们也将各地的手工技艺带到了高密，其中的剪纸技艺在高密地区得到了融合发展，高密剪纸正是综合了北方剪纸艺术的粗犷浑厚、南方剪纸艺术的精细清雅于一体，逐渐形成了自己的风格。

高密剪纸艺术的技法丰富，制作中一般遵循构思构图、剪刻、粘贴装裱等步骤。其技法基本可以分为折叠剪刻技法、阳剪刻技法、阴剪刻技法以及阴阳结合剪刻技法等类型。折叠剪刻技法是较为基本的剪纸技法，包括中轴线对称式剪纸和中心点对称式剪纸样式；阳剪刻即剪刻掉图形内外不必要的纸材部分，保留图形的外部轮廓线和造型结构线，剪刻的线条需要连贯为一个整体，互不断离；阴剪刻更多利用剪影效果，在大面积的纸面上镂空形成亮点或空白造型，效果较显厚重；阴阳结合剪刻技法则根据作品内容一部分采用阳剪刻，一部分采用阴剪刻，其作品明暗效果鲜明、线条粗细虚实分明，繁简得当、灵活自如。高密的剪纸传承人对于一般画面基本不打草稿，直接下剪制作，剪纸用的"花样子"谙熟于心，效果全凭眼、脑、手的协调运作。

高密剪纸的使用范围广泛，常以窗花、灯花、门笺、墙花、

《儿时记忆之劈柴、挑水、做饭》 李金波

《卧佛》 范祚信

顶棚花、寿花、喜花、丧俗纸扎花等形式出现，其内涵和形式也多与民俗礼仪、家族生活、年节风俗活动等密切关联，年节庆典、婚丧嫁娶、寿宴庆生等处均有相对应的剪纸来祈祥祝福、寄托情感、烘托渲染气氛。例如，窗花是春节时张贴在窗户上的剪纸；灯花一般指贴于灯笼外壁的剪纸；门笺又称"挂钱"，是张贴悬挂在门框上面的剪纸，祈求吉祥如意、家庭幸福；墙花是墙壁、炕榻周围的剪纸；顶棚花则是贴在房屋天棚上的剪纸；寿花指为老人祝寿时张贴的寓意长寿安康的贺寿剪纸，烘托气氛、传达吉祥美好的祈盼之情，常见寿星图案、八仙图案、寿字与寿桃图案等形式；喜花是在结婚的人家常见的剪纸，一般表现为大红双喜字、扣碗、金鱼等寓意吉祥喜庆的内容；丧俗纸扎花则较多体现民众的忠孝之道，表达生者对逝去之人的哀思和悼念之情。剪纸图案还常用于日常生活中的家纺用品、服装服饰、鞋帽制作以及家居装饰等，例如枕花、围涎、兜肚、鞋花以及服装上的剪纸图案等。

高密剪纸的题材范围广泛、内容丰富，吉祥文字、鸟兽虫鱼、人物景物、花卉蔬果、社会生活等都有所涉猎，宗教神话故事、民间传说、历史故事、戏曲故事等题材也较为常见，这

《福寿图》 王玉

《祖国昌盛》 马瑞梅

《十二生肖之鼠、牛、虎、龙、蛇、马》 范祚信

《1997 年牛票图案》 齐秀花　　　　　　《金牛奋蹄图》 齐秀花

些题材通俗易懂、意义深刻、贴近百姓生活，因而广受大众喜
闻乐见。高密剪纸按照纸材可分为单色剪纸、多色剪纸，单色
剪纸常结合折叠剪刻法，一般红色纸居多；多色表现的剪纸常
选用衬色、拼色、染色等方法。高密剪纸的图案样式常见文字
类、图形类、字图混合类等形式，例如连年有余、四季来财、
福禄寿喜等字样，八仙、二十四孝故事中的神仙及人物，对
狮、十二生肖、蛇盘兔、金鱼、花卉蔬果等，此外，锯齿纹、
月牙纹、水波纹、弧形线、弦线纹、圆点纹等图案也是其常见
表现形式。高密剪纸作品普遍具有造型稚拙生动、内容丰富而
夸张有度、风格淳朴、色彩单纯、技艺精巧的艺术特点。

　　由于技艺精湛、风格鲜明，在审美与实用的统一性、民间
文化底蕴的深厚性、民间传承的广泛性、地区整体协调性与个
体创作的差异性等方面特征突出，高密剪纸于 2010 年入选联合
国教科文组织非物质文化遗产代表作名录。对于技艺的发展，
高密剪纸的一代代传承人功不可没，例如国家级非物质文化遗
产 "高密剪纸" 项目代表性传承人范祚信、"剪纸姊妹花" 齐
秀花、齐秀芳姐妹、范祚信老师的入室大弟子李金波等优秀传

承人。正是这些优秀传承人的执着坚守与不懈探索精神成就了这一宝贵民间美术文化的今天。

　　高密剪纸蕴涵了丰富的历史文化信息，承载着丰富的社会生活与道德观念信息，提升着大众生活的品质，不断实现着剪纸艺术的教化、审美和实用功能，在快速发展的当今时代，高密剪纸一定会永葆鲜活的生命力，再创辉煌。

《福禄寿喜》 范祚信

鲁锦织造技艺 孔大健

　　鲁锦是一种民间纺织品，具有色彩丰富、纹样繁多、工艺成熟、状美如锦的特点，广泛分布于山东济宁嘉祥、菏泽鄄城等鲁西南地区。在当地也常有"老粗布""老土布"等别称。山东省工艺美术研究所于1985年将其定名为"鲁西南织锦"，简称为"鲁锦"。2006年12月，鲁锦被列入第一批山东省省级非物质文化遗产名录，2008年6月，鲁锦织造技艺被列入第二批国家级非物质文化遗产名录。

　　据记载，早在春秋时期，鲁西南地区的织造业就已经颇具规模，自明代开始，棉花在鲁西南的种植更加广泛，为鲁锦织造提供了更加坚实的物质基础。历史上，丝、麻、棉等原材料的纺织加工技术互相影响，共同促进。棉纺织行业在鲁西南地区的发展兴盛期出现在明清时期，棉纺织技术水平的

鲁锦服饰
鄄城中国鲁锦博物馆供稿

鲁锦家居用品
鄄城中国鲁锦博物馆供稿

鲁锦面料展示　鄄城中国鲁锦博物馆供稿

提升加之印染加工技艺的进一步发展，鲁锦织造技艺更加精湛纯熟，鲁锦曾作为进京贡品为清代朝廷所用。伴随机器大生产的发展，外国纺织品在中国市场的出现及民族纺织工业的兴起，鲁锦的民间织造颇受影响，这门纯手工技艺在一定范围内逐渐淡出了人们的视野。

　　鲁锦织造技艺多就地取材，充分发挥当地棉花资源特色，具有纯棉材料的手工提花纺织类型特征。鲁锦织造的工艺流程复杂，从棉花采摘到上机织布大约需要大小72道工序。织造过程中主要包括纺线、染线、拖线、经线、闯杼、刷线、掏缯、吊机子、织布等九大主要工序，其中各大工序还包括诸多分步骤，可谓工序复杂。纺车是纺线用的木质设备，纺线时，右手握住纺车手柄转动纺轮及线锭子，左手揉捏棉花条连接线锭子上的棉线团，棉线条被连续揉捻、扯动逐渐变成长细线缠绕在线锭上备用；染线是将纺好的线经过热水浸染、水煮上色等步骤，染上五颜六色；浆线是用小麦面和成的浆子作为材料对染过颜色的棉线进行浆的过程；拖线是把线晾在横杆上，用拖线棒拖开、拖匀，使线干透后，线与线之间不相互缠绕、粘连；经线是根据络线种类与数量在经线杆上穿上许多铁丝环，固定铁丝环后，铁丝环的下方按照织布用色安排好色线络子，再固定好缠经线的经线橛，把每一个络子的色线穿过经线杆上的铁环，相互系好，再将铁丝环上的线拉出抓在手中，按顺序分别挂在经线橛上，经线过程的后期，扯断多余的线，用线绳捆系做好交叉的线以备用；闯杼是上机织布前的准备工作中一个重要流程，杼直接影响经线形成的布幅宽度，闯杼的过程是将经线按顺序一根根分别插入杼中的过程，为随后的织布流程作细节化的准备；刷线开始于闯杼完成后，刷线的目的是清理经线，防止经线的凌乱缠绕，保持经线的秩序；掏缯是织锦的一个重要工序，缯在织布时可以使经线上下交错形成织口，便于

嘉祥古精纺鲁锦有限公司家纺产品

织制纬线，掏缯是鲁锦织造技艺中形成图案的重要环节；吊机子是直接开始织布操作前的一道工序，是把织机的各个零部件全部组装、调试到织布状态的过程；织布的过程中操作要领是手脚配合，踩、松踏板的同时用手臂推拉撑框，还需要左右两手将线梭投接、穿梭往复，撑框的前推和后拉与不停地穿梭过程是手脚恰当配合的过程，也是织布技术的重要程序。

在鲁西南民间，纺车、织布机等纺织设备很普及，几乎每户人家都可独立完成纺线、染线、浆线、经线、织布等工艺流程，生活需要的织物基本都能做到自给自足。早期的织锦布颜色、图案种类较为单一，随着时代的发展，织锦用的梭由最初一把、两把，发展到十三把甚至更多时可达到二十把，织锦图案也由早期的平纹、斜纹、缎纹、方格纹等常见图案发展出枣花纹、水纹、狗牙纹、斗纹、芝麻花纹、合斗纹、鹅眼纹、猫蹄纹等多种图案类型，构成了鲁锦技艺的基础图案体系。鲁锦

鲁锦与织造工具
鄄城中国鲁锦博物馆供稿

鲁锦设计衍生品
鄄城中国鲁锦博物馆供稿

传承人赵芳云在纺线织布

常见的色彩使用类型包括红、蓝、靛青、绿、棕、黄、黑、白等，搭配用色常见红绿配色、蓝黄搭配或黑白色相间等形式，"黑镶边长流水""迷魂阵""喜字锦"等传统图案形式充满了生活乐趣与美好期盼。鲁锦织造面料的图案设计制作，常用的有 22 种基本色线、2000 余种绚丽图案，加之当代新产品的开发，共同构成了鲁锦织造艺术的无穷魅力。

鲁锦的传承离不开优秀的传承人、热衷此道的行业引领者及相关企业、公司与社会各界的辛勤付出，其中，山东嘉祥的国家级非物质文化遗产项目鲁锦织造技艺代表性传承人赵芳云老师、山东鄄城中国鲁锦博物馆馆长路维民先生、嘉祥古精纺鲁锦有限公司等单位与个人都为鲁锦事业的发展做出了卓越的贡献。

时代在发展，生产技术在革新，鲁锦织造技艺在服装服饰、箱包制作、家居装饰、家纺产品等诸多领域的新发展充分凝聚着技艺传承者们的工匠精神和生活智慧，鲁锦织造技艺必将以更崭新的面貌流传于世。

济南石家老陶烧制技艺

孔大健

　　陶器的出现对于人类文明发展史具有标志性意义，陶器烧制技艺在火与土的淬炼中不断升华，济南石家老陶就是这样一种具有典型特色的工艺类型，其制作技艺传承久远，制作工艺考究。2009年9月，济南石家老陶烧制技艺被列入第二批山东省省级非物质文化遗产名录。

　　从历史角度看，济南石家老陶烧制技艺宗于泗水柘沟古老的制陶技艺，有着几千年的传承历史。自古以来，泗水柘沟一带是东夷文化、大汶口文化的重要承袭发展地区，也是我国早期的制陶地之一，享有"土陶之乡"的美誉。我国著名篆刻家、书法家、工艺美术家、当代四大名砚之鲁砚体系的创始人石可先生于20世纪60年代在大汶口文化考古研究过程中，经常与泗水柘沟家传第十世制陶工艺师

济南石家老陶工作室一角

欧阳中石先生为石盾先生题词

谷在凤先生在一起研讨，他通过反复研究实践，运用工艺技术整理还原了制陶古法。目前，石可先生之子石盾全面继承了父亲的制陶技艺，创制和发展了济南石家老陶烧制技艺。他秉承父辈研究的传统陶瓷烧制技法，在原材料配方、窑变方式、陶瓷艺术的当代工艺研究等多方面均有所突破，形成了作品古朴苍茂、温雅自然的艺术特色，具有很高的艺术价值和珍贵的收藏价值。谷在凤先生之孙谷凤刚继承祖辈技艺，跟随石可先生学习多年，也擅长于石家老陶烧制技艺。

济南石家老陶烧制生产地在山东省济南市槐荫区，其工艺广泛继承了黄河流域和济南当地历史上的传统制陶工艺，兼具厚重的传统文化格调和浓郁的现当代文化气韵，"彩纹陶""开片陶""镶嵌陶""仿木陶""混合陶"等作品类型已成为济南石家老陶烧制技艺的典型代表和独特名片，作品器形与纹理独特，达到几十种品类、上百种样式和规格。济南石家老陶在发展过程中还得到赵朴初、欧阳中石、黄永玉、韩美林等名家的

《陶艺作品》 石盾　　　　《绞胎陶艺》 石盾　　　　《陶艺作品》 石盾

《陶艺作品》 石盾

《陶艺作品》 石盾

充分肯定和广泛赞誉。2006 年，济南石家老陶的部分作品参加深圳国际礼品展览会，展示作品一经摆放很快被抢购一空，深圳特区报发表了专题报道。2010 年，济南石家老陶作为代表山东省选定的八项非物质文化遗产精品之一参加了上海世博会展览，受到各国文化研究机构与团体的广泛关注。

　　传承人石盾先生早年从事雕塑艺术研究，造型功底深厚，陶瓷烧制行业几十年的潜心历练又使他积累了丰富的艺术感悟和陶艺创作经验。他的作品在继承传统的基础上又有所创新，其中的窑变紫砂壶就是石家老陶具有创新特色的产品之一。窑变陶器的不可复制性构成了它独一无二的特质，窑变紫砂壶以紫砂壶的物质性特征作为载体，将中国传统文化的精神性作为诉求重点蕴含其中，以壶体表面呈现的不规则变色或通体变色来再现彩纹山水效果，这些花纹随着茶壶使用时间的推移还会产生自然变化，但壶体内部仍会保留原泥色不变，妙不可言。窑变陶形成了石家老陶烧制技艺的经典特色，赋予了紫砂壶以全新的价值。

　　古陶的美，美在自然，美在古朴，美在不加雕饰、浑然天成，济南石家老陶上承龙山文化的源头——山东泰安地区大

《紫砂窑变茶具套装》 石盾

汶口文化，复原了古老的制陶技法并将之与现当代艺术审美相结合，在传承与发展中执着坚守、独树一帜。其创作注重从远古时代的水器、酒器等器物造型中汲取精华，结合紫砂特有的造型美、材料美，创制出水盉、山涧、月影系列作品，韵味十足。这些作品均需要经历22道工艺流程，既包含原始烧陶的传统技术，又在造型与色彩等方面不失当代陶艺的审美趣味。济南石家老陶在自身完善和发展过程中逐渐形成了"器道·陶古斋"的子品牌，其品牌名称由中国著名书画家、时任中国文联副主席的尹瘦石先生亲笔题词。石家老陶正不断用自己的每一盏茶壶作品将精品窑变紫砂壶的研究成果呈现给世人，将济南石家老陶及其旗下的企业品牌故事向人们娓娓道来。

除了陶艺设计制作，济南石家老陶的澄泥砚制作也是由来已久，澄泥砚是用人工澄炼之泥烧制而成的陶砚，不同于其他石砚，素有"沉静坚忍、哈气可研"等特点，用之不渍水、不损笔。石家老陶在澄泥砚制作过程中常常因材施艺，稍加雕琢，擅长运用自然的红、黄、青等色制砚，作品色彩变化自然，古朴高雅。

随着社会知名度的提高及作品需求量的不断扩大，济南石家老陶的工作室、研发中心、传习场所等已拓展到多处。为更好地传承发展这项非物质文化遗产项目，济南石家老陶积极助力非物质文化遗产进校园、进社区，坚持"拟古非古"的陶艺创作原则，坚持古法手工制作，以其作品独特的"色变如虹，质润如玉，嵌艳如霞"等特质感动世人。近年来，济南石家老陶筹建制陶博物馆、陶艺研发中心，举办展览和学术交流活动，立足创作，积极研发，不断提升陶艺的社会影响力，为非物质文化遗产的活态传承与发展事业做出了积极贡献。

《紫砂窑变茶器》 石盾

即墨大欧鸟笼制作技艺

孔大健

　　即墨大欧鸟笼制作技艺是分布于山东省青岛市即墨区大欧村的一项鸟笼制作传统工艺，整个大欧村凭借鸟笼制作工艺而声名远播。该工艺现在已经成为山东青岛即墨的传统技艺并被列入山东省第一批"乡村记忆"工程文化遗产名单。2009年9月，即墨大欧鸟笼制作技艺被列入第二批山东省省级非物质文化遗产名录。

　　大欧鸟笼制作工艺考究、形态美观，因其上乘的质量而颇受社会欢迎，有着独特的实用及鉴赏、收藏价值。据考证，大欧村普遍制作鸟笼的历史可上溯到明朝，据《即墨县志》记载，其工艺明代兴起，清代盛行，到目前已有五百余年的传承发展历史。大欧鸟笼制作的繁盛时期从清代顺治年间（1644—1661年）开始，随着当时京城的贵族子弟饲养禽鸟风气的流行，提笼架鸟的生活自然少不了优良的设备，做工讲究、精美耐用的大欧鸟笼很快便被当时京城的王公贵族所青睐，成为抢手产品。据说由于当时大部分京笼都产自大欧村，因此很多人误把大欧鸟笼当成京笼，广阔的市场给大欧村带来了利润和广泛的赞誉。大欧鸟笼也曾作为进京贡品进贡皇家，京城逐渐有了大欧村民开设的鸟笼店铺，正如一句民间流传的顺口溜，"张院的簸箕，毛子埠的升，大欧的笼子进北京"，大欧鸟笼日益被广大民众所熟知。

根据制作工艺历史沿革与地区特色的不同，通常人们将鸟笼制作这门技艺划分为以江苏、广东、广西等地为代表的南派和以山东、北京、天津等地为代表的北派，而大欧鸟笼就集中体现了北派体系的典型特色。大欧村几乎家家户户都会制作鸟笼，祖辈流传下来的手艺在这里得到很好的发展。制作鸟笼首

《竹笼灯艺》 吴金昌

《百灵笼》 吴希锡

《花鼓笼》 吴金昌

先要考虑笼形的类型，一般会根据禽鸟不同的类别、不同的习性制作不同的鸟笼，其中，笼子的篾条间隙大小、笼子的高矮、形状等都有一定的标准，为不同的禽鸟专门量身打造。例如百灵鸟喜欢用沙子洗旱澡，制作时就要考虑设计笼子底部的盛沙底盘。鸟笼寓意丰富，据研究，笼子的"笼"字通"拢"字，在家中有拢财之意；古时候提笼架鸟是某种身份的象征，为官之人常用笼底为三足的鸟笼，寓意三足鼎立，有权威的象征；商人常用笼底为四足的鸟笼，寓意四面八方、广交朋友，招财进宝。现代社会的鸟笼饲养禽鸟与收藏观赏、把玩的功能是相互交织的。

大欧鸟笼的制作离不开竹器的加工设备、工具及材料，制作鸟笼的设备及工具通常包括手锯、手钻、线锯、篾刀、刮刀、雕刀、拔丝板、钢圈模、钢锉、老虎钳、台钳等。大欧鸟笼根据制作特征一般包括笼钩、笼抓、笼圈、篾条等组成部件，其中笼圈包括顶圈、中圈和底圈，顶圈连接笼抓和笼子中部笼身的部位，中圈则负责加固笼身并均匀分布篾条，形成恰当的笼子篾条间隙，底圈负责拖住篾条及笼身等中间部位。大欧鸟笼的形态丰富，主要有圆形、扁形、花鼓形、官帽形等多种形态，方形鸟笼较为罕见。大欧鸟笼尺寸从高1米左右、直径40厘米左右到高20厘米左右、直径10厘米左右甚至更小不等，现在市场上也有许多桌面鸟笼工艺礼品摆件、竹笼灯艺和拿在手里盘玩的微型鸟笼等作品，都会根据实际需要进行设计制作。选料方面，大欧鸟笼一般选择三至五年生的竹子作为原材料，材料既要具有竹子制品的稳定性，又要富有韧性、易于加工。大欧鸟笼的制作流程一般要经过选料、下料、材料蒸煮、折圈、抛光、打孔、组装等十几大步骤。首先根据鸟笼大小选定原材料竹子，一般要经过刀劈、切割等手工制作完成最

吴金昌在制作鸟笼

《鸟笼作品》 吴金昌

初的材料准备，紧接着是蒸煮、荫干过程，防止材料腐败变质，竹料美感更能显现出来。笼钩一般都用金属制成；笼抓的制作要经过烘烤、制作卯榫等程序，组装紧密；用于制作笼圈的竹料蒸煮后应立刻取出盘进制作笼圈的钢圈模内，称为折圈；笼圈要根据鸟笼大小做成标准的圆环，对接严密，再经过打孔、修整、打磨等工序备用；篾条的粗细要根据鸟笼的大小而定，在拔丝板上完成粗细较为均匀的制作，鸟笼根据鸟的大小确定篾条距离，一般需要篾条46根或56根不等。所有材料准备好后再进行鸟笼的组装，安装到位，鸟笼就制作完毕。在大欧村制作一个好笼子据说需要上百道工序。大欧村的能工巧匠很多，例如大欧鸟笼制作技艺第十九代传承人吴金昌、擅长鸟笼大漆雕刻技法的吴洪柏、传承人吴希锡等，即墨大欧鸟笼制作技艺就是在通过这些优秀传承人之手一辈辈传承发展下去。

目前，大欧鸟笼在北京、上海、广州、福州、西安、哈尔滨、沈阳、香港等城市和地区都有很好的销量，还远销日本、韩国、美国、加拿大等国家。随着我国电子商务的发展，大欧社区服务中心、鸟笼展销大厅以及农村电商服务平台等的发展建设，更加提升了大欧鸟笼的知名度和销售量，也为这门古老的技艺插上了当代腾飞的翅膀。

《大漆花鹩笼》　吴洪柏

博山琉璃烧制技艺 路鹏

　　琉璃古称流离、陆离、药玉等，被视作中国五大名器之首。清初孙廷铨所著《颜山杂记》记载："琉璃者，石以为质，硝以和之，焦以煅之，铜铁丹铅以变之。非石不成，非硝不行，非铜铁丹铅则不精，三合而后生……"中国琉璃烧制技艺有着较长的历史，有研究认为中国琉璃烧制技艺源自青铜冶炼中的偶然发现，在此基础上经过工匠们的研究和试制最终掌握了琉璃烧制技艺。从当前考古遗存和文献资料来看，中国琉璃烧制技术大约出现在西周时期，当时中国的青铜烧制技术已经非常成熟，对与琉璃相关的矿物原料的认识和运用也有了一定的积累。不过与欧洲以钠钙玻璃为特色的玻璃烧制技术相比，中国琉璃多是以铅钡为主要成分的玻璃生产工艺，与钠钙玻璃相比其热物理性和力学性较差，

料景《荷花》金祥琉璃

| 清代《斛形瓶》 | 清乾隆中期皇室用器 | 战国时期发簪 |

但具有烧成温度低和色彩绚丽的优点，正是基于以上特性而形成了中国独具特色的琉璃艺术。

早期的中国传统琉璃烧制技术发展较为缓慢，主要以珠、管等器型的装饰品为主要制作内容，以仿玉石等名贵材料为主要目的。西周时期琉璃制品的主要成分为石英砂和少量的玻璃质，至西汉时期琉璃技术开始得到长足提高，工匠使用以铅为助溶剂的琉璃制作工艺，这一时期琉璃器皿开始较多出现，在用途和造型上较前代都有了质的变化。魏晋时期由于罗马玻璃和萨珊玻璃等流入的钠钙玻璃制品增多，以及外来工匠的技术引入，对中国琉璃烧制技艺形成了一定的促进和影响。隋唐时期琉璃制品在文化和技术的交融性得到了进一步体现，造型和材料上呈现出多样性的特征。宋辽时期琉璃瓶、碗等与人们日常生活相关的琉璃制品更多出现，《营造法式》则对琉璃工艺的配方进行了记述。元明清时期更是由于得到皇室的重视而取得了长足的发展，民间的玻璃作坊也十分繁盛，清代时的单色琉璃颜色已达 20 余种，复色玻璃有金星料、点彩、夹金、夹彩等，套料还分为涅白地套彩、彩玻璃地套彩、涅白地兼套、彩色地兼套、斑地兼套等。

2006 年，博山被中国轻工业联合会授予"中国琉璃之乡"的称号；2014 年，淄博爱美琉璃制造有限公司的琉璃烧制技艺被确立为国家级非物质文化遗产代表性项目的保护单位。历史上博山琉璃烧制业的勃兴盖因得天独厚的自然条件，博山多山且矿产丰富，因而当地人多以陶瓷、琉璃生产加工为业。博山的琉璃在元代时期已经颇具规模，可以断定至少在宋代时已经有了一定的技术和人才积淀。博山发现的元末明初琉璃窑炉遗址是中国迄今已发现的最早的琉璃作坊之一，其中一座大型炉遗址和 20 余座小型炉遗址集中分布，足见往昔生产盛况，博山的西冶街曾经形成了琉璃工坊街，"珍珠玛瑙翠，琥珀琉璃街"，将旧时博山的繁华和特色展露无遗。据明嘉靖时期（1522—1566 年）《青州府志》所记，博山已是古代中国琉

《松石绿文房四宝》博山美术琉璃厂

料景《百财》李华刚

热成型《琉璃摆件》 金祥琉璃

套料刻花《鲤鱼跃龙门》
博山美术琉璃厂

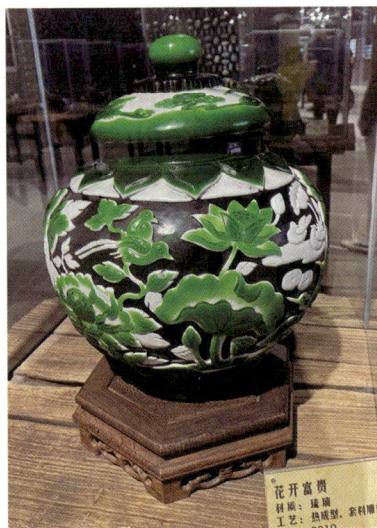

套料刻花《花开富贵》
金祥琉璃

璃生产中心，其琉璃制品一般为珠子灯、屏、帐钩、枕顶类。《颜山杂记》中详细记述了 17 世纪时期博山的琉璃生产情况，包含烧制琉璃的原料、呈色、火候、配色、产品、作工、工具及历史等内容。清康熙十九年（1680 年）设内务府养心殿造办处琉璃厂，除部分西洋工匠外，其他工匠和原料等主要来自博山，博山工匠将博山琉璃的工艺技术带进北京，同时也将西方工匠传来的铁管吹制玻璃技术引入博山，推动了博山琉璃的进一步发展。1951 年，博山当地的琉璃业工匠成立炉业料器供销生产合作社，其后又成立博山美术琉璃厂，在继承传统技艺的基础上积极学习国外先进技术，产品以工艺品、日用品、医药玻璃为主，在客观上促进了琉璃技术的传承和发展。改革开放后，博山美术琉璃厂面临经营困境，工人们纷纷自主创业，涌现了诸如西冶工坊、金祥琉璃、爱美琉璃等优秀琉璃企业。

博山琉璃的生产加工可以分为热加工和冷加工两种方式，热加工以吹制琉璃和灯工琉璃为主，冷加工以刻花、阴刻、铺丝等工艺为主。

古代博山琉璃在造型和图案上注重形式美，产品器型多样且工艺精湛，诸如珠、帘、簪珥、料兽、料景、佩饰、刻花、鼻烟壶、烟嘴、葫芦、砚滴、佛眼、铺丝、灯罩、轩辕镜、火珠、响器、鼓珰、花球等。如今的博山琉璃制品主要为套料吹制、灯工料景、仿珠宝琉璃、琉璃花球、斑纹琉璃、脱蜡铸造、内画鼻烟壶等，以及基于现代生产场景所开发诸多琉璃文创产品等。

古代博山琉璃的色料丰富，如鸡油黄、金红、亮红、鸡肝石、洋青、水晶、瓷白等，其中鸡油黄、金红等名贵色料曾为皇室专用。现在博山琉璃人依然在坚持不断创新，试制出了许多新的琉璃色料，不懈传承和发展着传统琉璃技艺。

小郭泥塑制作技艺 路鹏

关于艺术的起源，有一种观点是"模仿说"。在距今约 1 万至 4000 年前的新石器时代，原始先民已经开始模拟自然界的动物制作陶塑作品。如浙江河姆渡文化遗址出土的陶猪、陶羊。又或者将动物或人类的形象作为器物造型的一部分，在河姆渡文化遗址出土的陶器已出现堆塑的动物纹。到汉代时期，陶塑已经成为一种重要的随葬品，如各种陶舍、陶栏、陶俑、陶畜等，陶塑的普及也推动其日益世俗化。东汉王符的《潜夫论·浮侈》中记载"或作泥车、瓦狗、马骑、倡排，诸戏弄小儿之具以巧诈"，反映了当时一部分人以制作泥偶、泥弹为业的社会现象，可见泥塑玩偶成为日常生活中儿童嬉乐的一种方式。其后，随着隋唐时期佛教的普及，泥塑成为寺庙中造像的重要手段。如位于山东济南

《鱼头娃娃》 刘福祥

《财神》 刘福祥

《关公》 刘福祥

长清的灵岩寺，是隋唐时期著名的佛教寺院，其宋代罗汉造像是中国佛教造像艺术史上的佳作，彩塑造像在动态、神情、服饰、色彩、比例等方面均栩栩如生，体现出了世俗化的特征。在数千年的时间里，泥塑艺术渐渐独立出来，成为一种独特的造型艺术手段，涌现出诸多泥塑大师，如《五代名画补遗》中所载唐开元年间（713—741年）的泥塑大家杨惠之："杨惠之不知何处人，与吴道子同师张僧繇笔迹，号为画友，巧艺并著。而道子声光独显，惠之遂都焚笔砚毅然发奋，专肆塑作，能夺僧繇画相，乃与道子争衡。时人语曰道子画，惠之塑，夺得僧繇神笔路。"清代道光年间（1821—1850年）的张长林，其创立的"泥人张"彩塑艺术名扬海内，其作品取材于神话、戏剧、小说及世俗生活，通过"塑造"与"绘色"，形象生动地表现各种人物形象，既融入了日常生活中的人物造型与情感，又糅合了中国传统文艺的精神与神韵，形成了其独有的艺术特点与风格。

"蒙山高，沂水长，小郭泥土黄又黄，挖一把泥土捏一捏，捏出雄鸡把歌唱……"在山东临沂兰陵县兴明乡小郭东村，就有一支师承自天津"泥人张"的泥塑流派，被称为"小郭泥塑"。其创始人李宗标于清代咸丰年间（1851—1861年）学艺于"泥人张"，其后又汲取无锡惠山泥人的艺术特点，形成了"小郭泥塑"独特的民间艺术风格。其泥塑具有粗放、质朴、夸张的艺术特点，重神不重形，以娱乐性、趣味性为主要目的。在近200年的时间里，其创作的形象逾100多种，"鱼头娃娃"是其典型代表，鱼头娃娃造型取自民间儿童形象，当地儿童常戴一种鱼头造型的帽子，因而创作出这一经典形象。此外，"抱鸡娃娃""刘海戏金蟾""观音""财神"等众多造型也都深得人们喜爱。与天津"泥人张"和惠山泥人中的写实创作相比，"小郭泥塑"具有浓厚的乡土气息，反映出山东当地朴实、淳厚的风土人情和民间趣味，因此其造型夸张，以满足民间孩童游戏为主要创作动机。

"小郭泥塑"的传承不单以家族血缘为纽带，其创始人李宗标在回乡伊始便立下规矩，但凡是有欲学艺者，一概免费教授，除其直系传承人迄今已传至第六代，村中除李姓、刘姓等传承人外，其学徒也人数众多。因此，在清末和民国期间，"小郭泥塑"成为当地农民在农闲时创收、贴补家用的重要途径，也因此带来了"小郭泥塑"的鼎盛发展时期，其产品销至河南、河北、江苏等地，当地民谚传唱："小郭挖泥奏孩忙，背井离乡卖泥郎，大江南北都卖遍，小郭的泥娃哭声响。""小郭泥塑"的从业者主体是以靠天吃饭的农民群体为主，其消费群体也是乡间巷里的普通大众，这决定了其艺术发展的乡土性与娱乐性，既赋予了其朴拙、生动的民间艺术味道，也形成了

《猪八戒背媳妇》　刘建刚

《狮子》 刘建刚

《老虎》 刘建刚

《大公鸡》 刘建刚

《猴子》 刘建刚

《千里马》 刘建刚

其传承发展中的粗放式特征。

中国民间泥塑的制作技术大致可分为手捏泥塑、模印泥塑、半捏半印泥塑。"小郭泥塑"虽师承自"泥人张"，但其制作技术却是以模印为主。模印泥塑的优点是制作简单，成本低，利于产品的生产与普及，缺点是产品附加值较低，难以卖得高价，这也是由其自身的传承和消费群体的特点所决定的。

"小郭泥塑"的制作流程大致如下：取土、活泥、拍泥、敷草木灰、压模、合坯、脱模、打孔、加芦哨、修光、晾干、粉底、彩绘。其取材一般来自村子附近地下两米左右的泥土，当地人称之为"生礓瓣土"，此泥加工后具有不易开裂和粉化的特点，应是有机物含量较丰富的黏土。在活泥的过程中常加入一定量的棉絮，增加泥土的韧性与粘合力，这一点与"泥人张"的工艺相同。在压模之前要在模具内敷以草木灰，以便于成型后的泥坯脱模。"小郭泥塑"的一个特色是大多产品都会装入芦哨，体现了其娱乐性、趣味性的特点。坯体修光、晾干后，便在泥坯上涂以用当地石料所制的白粉做底色，再用毛笔以大红、粉红、黄绿、紫等颜料上色，最后用黑色进行勾勒，达到强烈的装饰效果。"小郭泥塑"的背部和底部多裸露出泥土本色，粗放中流露出朴实无华的乡土气息。

"小郭泥塑"在今时今日的社会环境下，已经失去了其往日作为儿童玩具的市场空间，当地政府和"小郭人"也在积极努力地寻找创新之路，在继承传统的基础上探索新的题材、工艺和材料。

徐公砚制作技艺 路鹏

　　对以文为业、以砚为田的文人而言，多视砚为文房四宝之首，故有诗云："吾砚平生极自珍，涂云抹月发清新。临归携就西湖洗，不受东华一点尘。"在历史长河中流淌着许多与砚石相关的美谈，其中就有一段与徐公砚相关的故事："唐贞元年间，徐晦赴京赶考，途经青驼镇徐公店村时发现形色特别的石片乃试磨成砚，会考之时其他考生因天寒而砚墨结冰，唯有徐晦之砚出墨如油，顺利考完并一举考中进士，其后官至礼部尚书。辞官后因感砚台之恩，徐晦寻得砚之地，其子尊父命定居于此地，村名遂改为徐公店，砚石也因此得名为徐公石。"

　　《临沂县志》中载："徐公店，县城西北七十五里，产石可为砚。其形方圆不等，边生细碎石乳，不假人工，天趣盎然，纯朴雅观。"其造型颇符合中

《嫦娥砚》 刘克唐

《仿瓦当砚》 刘克唐

《龟寿砚》 刘克唐

《白云深处砚》 黄传斌

国传统文化所提倡的"天人合一"思想，徐公砚恰以其自然天成的肌理和纹理而深得世人喜爱，徐公砚的美首先在于与"道"相合，其后的雕琢和修饰也都是在借其天然美之势的基础上进行的发挥，其次在于其石质温润，鲁砚名家姜书璞曾言："徐公石之冰纹，与端砚老坑之冰纹有异曲同工之妙。"

徐公砚取材当地特产石料，多出自临沂市沂南县青驼镇南 6 公里处的徐公店村附近，其石通常有自然溶蚀边，属于含少量粉砂质的石灰岩，历经亿万年的风化水蚀方才形成。其尺寸一般从数尺至二三寸不等，厚度在 5 至 10 厘米之间。徐公石多为不规则的层状石板，质地脆硬，形态各异，其边缘有细碎石乳状的石纹，石色沉静，有鳝鱼黄、蟹壳青、茶叶末、绀青、橘黄、沉绿、生褐等多种颜色，还有的多色相杂，其中鳝鱼黄、蟹壳青、茶叶末的命名方式应是来源于日常生活中的经验，也增添了一份来自民间的趣味性。

徐公砚的艺术特色可以用"古朴自然，形奇质美，因材施艺，巧用天工"予以概括。在徐公砚的制砚过程中，要善于把握其石材自身的优点，加工部分与天然部分要相得益彰，浑然天成，忌附庸风雅，画蛇添足。因此，对加工者的审美修养和文化素养提出了很高的要求。砚台从制砚者的角度可大致分为匠作砚和文人砚，匠作砚多以花鸟鱼虫等题材入砚雕刻，而文人砚则多以诗书钤印入砚刻制，其审美趣味各有千秋，趣味丰富。

徐公砚的制砚工艺一般按照如下流程：

审石。即观察石材自身特点，发掘其可立意之处，这是最为关键的一步，决定了之后砚石的制作方向，通常短则数天，长则数年，往往石材自身的缺点，经过巧妙构思，却可成为神来之笔，颇有"梦里寻他千百度，蓦然回首，那人却在，灯火阑珊处"的意味。

设计。定下砚石的立意命题后，再思考如何结合石形、石

《唐诗三百砚》 刘克唐

制砚步骤

质、石纹、石色将构思实施出来，这里要体现一个"巧"字，因纹理、因肌理、因形而雕，将天然砚石的立意通过人工充分展现，而又不着痕迹，予人自然、自在之感，正所谓不雕而雕的至高境界。

凿大荒。即将砚石粗雕大形。一则，去掉不需要的石皮，保留其石肉；二则，通过铲砚堂、挖砚池等工艺，将整体的"势"营造起来，为后续工作打下基础，定下基调。一般而言，砚台的石料分规矩形砚、随形砚和特殊形砚三种，但作为自然砚的徐公砚一般只有随形一种，这也对其加工提出了一定的限制和更高的要求。

起砚边。确定砚堂的边缘，起到储水蓄墨的作用。通常蓄墨一侧的砚边应向内凹，以保证砚台在倾斜时不至于将砚池的墨溢出。

铲平。将砚石中的砚堂等部位进行细加工。

雕花。徐公砚的雕刻一般以浅浮雕为主要方式，以求保留其天然之态。也有将与砚石立意相合的砚铭刻于砚堂或砚边等处，体现文人之意趣。

磨光。利用粗砂纸、细砂纸、油磨棒、木炭等进行打磨。

上蜡。起到保护砚石和美化的作用。

拓片。将砚形和砚铭等内容拓印到纸面之上。砚铭记录着刻砚者、砚主人、赠砚者等对砚的描述、情感等。

包装。将成砚放入随砚形而制作的木匣或锦盒之中。

《历井砚》 刘克唐

锔艺 伏倩倩

　　"没有金刚钻，别揽瓷器活"，这句中国古语，讲的是一项古老的民间手工技艺——锔瓷。锔瓷，就是把打碎的瓷器，用像订书机一样的金属锔子再修复起来的技术。中国是瓷器的故乡，自然而然随之产生了锔补修复瓷器的行当。锔艺属于古老的民间七十二行之一，描绘北宋都城汴京景物的张择端的《清明上河图》中，就有锔艺匠人的形象。明朝李时珍所著《本草纲目》中，石部第十卷《金石之四》载："释名金刚石，时珍曰：其砂可钻玉补石，故谓之钻。"随着瓷器业的兴旺，锔瓷也成了一门艺术。过去，锔匠是一种很常见的职业，锔瓷这一行当在民间被称作锢炉匠，他们用扁担挑着木箱，走街串巷，修补的不仅仅是器物的破损，更是弥补了人们内心的一种缺憾。锔补技艺不仅仅限于瓷器，还用在玉器、翡翠、玛瑙、紫砂以及木制品等不同材质器物上。锔艺于2016年被列入第四批山东省省级非物质文化遗产名录。

伴随中国瓷器业的发展，锔艺历史也跨越了千年，形成了自己完整的文化系统，带有一定时代性文化符号，体现出地域性特征，具有独特的历史意义。锔瓷在发展中形成山东、河南、河北三大派别。在山东的潍坊、肥城、威海等地都有悠久传承历史的锔瓷技艺和工艺精湛的锔艺师傅。

锔瓷使用的金刚钻可分为皮钻、砣钻和弓钻三种，山东的锔瓷多用皮钻和弓钻。皮钻一般是做粗活用，通常用于被称为"锔盆、锔碗、锔大缸"的民间生活用品，与此相对应的锔钉也比较粗大、单一，一般为铁钉；弓钻一般做细活，行话也叫秀活，钻头精巧细致，锔钉花样繁多，用于茶壶、茶碗、瓷瓶、瓷罐等。在旧时，细活是专为达官贵族、八旗子弟等服务的，锔钉是用民间绝活锻铜工艺加工而成的金钉、银钉、铜钉、花钉、豆钉、砂钉等。在锔瓷中，除了锔钉，还有锡补、包银、铜锔、錾刻、焊接等技法。根据不同的材质、不同的残

《锔瓷作品》 索元峰

《锔瓷作品》 索元峰

缺破损形状和位置，运用不同的修补手法，融合不同的工艺技术。各地的锔艺师傅有着独特的锔瓷技艺。

锔瓷有着严格的工艺顺序，每一步都要格外仔细，一般说来有以下几个步骤：

清洁。刷去壶碗等器物的泥尘细屑。

找茬、对缝并套合。依照破损瓷器原状，将碎块大致拼合在一起，这一步也通常叫作"捧瓷"，将套合好的器物用线或绳捆扎起来，固定牢固。如果茬口缺失较多，还需要用其他相近材料进行填补，如胎质、釉色等比较接近。

定位点记。定位点记就是在裂缝外面用笔画出锔钉的位置。

打孔（钻眼）。用大腿轻夹住壶碗等器物，取出金刚钻在裂缝两边对应位置打孔。打孔也有讲究，要斜着并垂直于裂缝，这样方便锔子能够抓牢，这是考验功力的一步。

打锔子。就是制作锔钉，用锤将金、银、铜或铁等打成扁平的两脚钉，结合剪刀和钳子将锔钉修剪压弯定型，锔钉的质量和韧性也决定了器物的使用寿命。金银锔子一般用来锔补昂贵的玉器或高档的紫砂等器物，日常器物多用铜铁等材料的锔子。

镶锔子。将打磨好的铜丝或铁丝等做成的锔子嵌入器物身上的小眼，锁牢裂缝。

填缝。沿着修补好的裂缝涂抹油灰等弥合材料，里外均涂。有的还需要加"蒸"这一道工序，最后试水，如果点滴不漏，就算是锔好了。油灰的配方也不是唯一的，各地也有着不同的做法。

在锔艺师傅的活计中，一方面要细心、耐心，瓷器硬且易碎，将其拼合成原貌，使其严丝合缝、滴水不漏，其中的技术要求和难度非常高；另一方面，锔艺除了实用还要美观，有较强悟性和较高审美的锔艺师傅会根据破损器物的裂纹走向，根据器物的颜色选择金、银、铜等不同锔钉，锔出各种花鸟的图案，经过精雕细琢，看不出瑕疵痕迹，做到恰如其分，优美的锔补图案让器物显得更加雅致美好。

锔艺不仅是民间传统文化的一种传承，体现出物尽其用、勤俭持家的传统美德，如今更是体现出一种生活态度与方式，使破碎的器物可以破镜重圆，让残缺也变为一种美，使不完美变成一种完美，延续了人对物的一种情感，并通过这种古老的传统技艺，赋予器物新的生命、独特的审美和一定的收藏价值。

随着社会的发展，人们传统的生活方式产生了巨大的变化，瓷器等器物破了可以买新的，人们不再将破损的器物拿去锔补，但是锔补这项手工技艺依然可以发挥它重要的作用，展现其独特的艺术魅力。

《锔瓷作品》 索元峰

泰山水陆画

伏倩倩　张公石

　　水陆画是一种传统的宗教绘画，一般是佛教举行水陆法会时供奉的宗教人物画。水陆画属于中国民间美术的范畴。2014 年 11 月 11 日，水陆画被列入第四批国家级非物质文化遗产名录。2016 年，泰山水陆画被列入第四批山东省省级非物质文化遗产名录。

　　佛教水陆法会最早由印度传入中国，明清时期发展为民间具有较高参与度的寺庙文化活动，水陆画是水陆法会上使用的重要媒介。佛教从印度传入西域并向中原一带延伸，在黄河流域的青海、甘肃、陕西、山西、河北和山东等地都保留下很多不同类别水陆画。在水陆画的发展流传过程中也融入本土宗教道教、儒教等元素。

　　水陆画及水陆法会因在三教合一的背景下形成，

先師孔子行教像

德侔天地道冠古今
刪述六經垂憲萬世

張公石畫於泰山

《先师孔子行教像》 张公石

90 ___

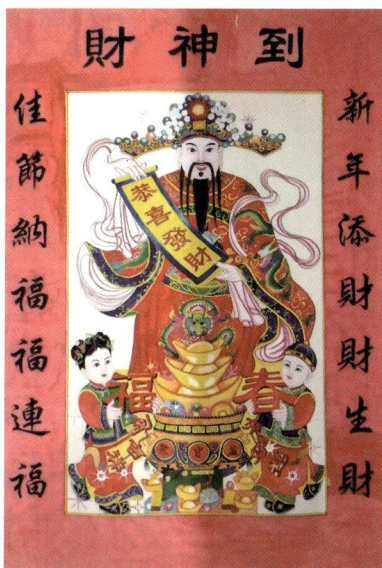

《财神》 张公石

《吉星高照》 张公石

所以题材广泛，包罗万象。其精神文化的重要内容体现出了宗教观念，有信徒的宗教信仰及崇拜行为等，也有的表现世俗生活，反映了当时的社会背景、礼仪信仰及审美观念等。水陆画主要有卷轴和壁画两种形式，卷轴材料以纸、绢为主，也有少量版画、布画、织绣，此种形式方便携带和保存；水陆画壁画多绘于殿墙，也有浮雕绘制，在艺术形式上与中国人物画息息相关。水陆画多为工笔重彩手法的人物画，另外也有粗笔重彩、半工半写、水墨淡彩等画法。水陆画从其社会功能上看，具有一定的教化作用。

泰山水陆画中所绘制的内容丰富、技艺精湛，有道释人物、民间诸神、三教九流、六道四尘、地狱鬼众、水陆缘起等。创于南朝，盛行于唐宋，流传至元、明、清，清末衰落，民国初年趋于消亡。隋唐以前主要绘于寺壁，两宋以后，在借鉴前人绘画粉本的基础上，逐渐出现了绘制于绢素上的各类神仙人物画像，元、明以来又逐步出现了便于保存、携带的单幅立轴水陆画。泰山水陆画大多采用中国传统的工笔重彩人物画法，勾勒和设色都极为讲究，人物形态生动，服装衣饰线条流畅婉转，着色浓重，富丽堂皇。题材以泰山的神话人物和道释人物为主，设色柔和，充分反映了绘画者对鬼神的敬畏和宗教的信仰。泰山水陆画《东岳大帝泰山神轴》《碧霞元君神轴》《送子娘娘神画片》《眼光娘娘神画片》等画像的内容与泰山传说、泰山宗教信仰息息相关，具有典型地方特色。如泰山神东岳大帝，冠五岳之首，相传为盘古王的第五代孙，他掌握人们的魂魄，主掌世人生死、贵贱和官职。碧霞元君俗称泰山老奶奶，她庇佑众生，灵应九州，统摄岳府神兵，照察人间善恶，是中国历史上影响最大的女神之一。泰山文化的核心内容是山岳崇拜与神灵信仰。山岳崇拜致使封禅仪典制度化、神圣化，泰山封禅成为历代帝王梦寐以求的国家政治行为；神灵信仰直接导致了东岳大帝、碧霞元君等泰山神灵群体的出现，使国家与民众都可以在泰山寻求到自己的崇祀对象，开启了中国历史上国家与民众共享泰山的先河。

泰山岱庙的水陆画一部分是岱庙道纪聘请画工绘制，一部分是御赐的，一部分是购买，还有一部分是民间香会组织捐赠。清光绪年间（1875—1908 年），岱庙道纪张文彬、张文斋兄弟先后多次组织画工绘制泰山水陆画，其族侄张群培于光绪十年至十七年（1884—1891 年）供职于岱庙绘制水陆画。张群培子侄张锡九、张锡宝等人拜其为师学习水陆画制作技艺，并在家乡开设画坊，招收乡邻子弟有绘画特长者为徒传授绘画技艺。张锡九之次子张鸿善、四子张鸿儒自幼受父亲熏陶，跟随父亲学习水陆画绘制技法。张鸿儒绘制方法自成一派，尤其以神仙人物的表情细腻丰富见长，其画作流传广泛。张鸿儒因深爱泰山及其水陆画事业之故，为独子取名为毓岱。张毓岱幼时曾以父为师学习水陆画绘制技法，成年后中断。张毓岱中年得子视为至宝，取名公石。

第六代传承人张公石，天赋异禀，幼时见家中水陆画像兴奋异常，随手涂鸦，其父担心画水陆画招惹祸端，屡进行制止。他入学后常偷临摹水陆画轴，并绘制家谱画、中堂画私自于集市交易。1963年初，岱庙修缮壁画和馆藏水陆画轴，泰安县文化馆干部赵兴兰索闻张公石绘制水陆画，遂招聘张公石来岱庙修复壁画及岱庙水陆画轴。改革开放后，张公石先生在花甲之年又拿起画笔重操旧业，近年来足迹遍布泰山周边所有

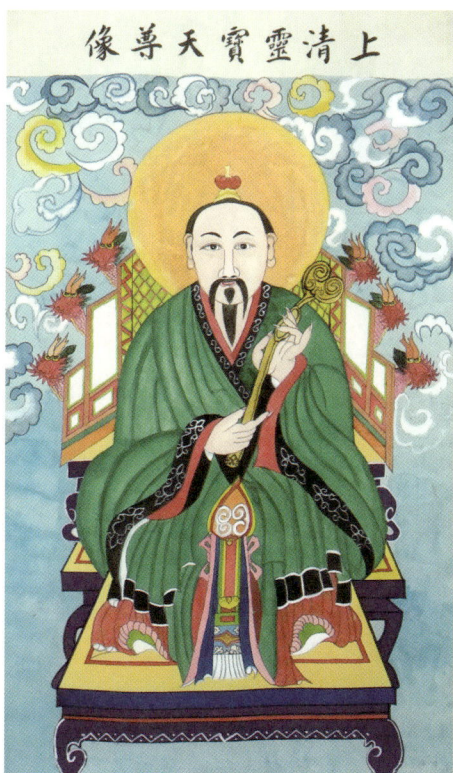

《上清灵宝天尊像》 张公石

《太清道德天尊像》 张公石

寺庙道观，临摹东岳大帝、碧霞元君、道释人物等水陆画300余幅，立志在有生之年将泰山水陆画传承光大，为弘扬泰山传统文化贡献毕生精力。

泰山水陆画为佛教史、古代服饰史、古代美术史、儒释道三家合一史以及泰山地区农村社会的宗教文化、民俗信仰等方面的研究提供了珍贵的实物资料，更是珍贵的非物质文化遗产。

《送子观音图像》 张公石　　《地藏王菩萨》 张公石　　《执花娘娘像》 张公石

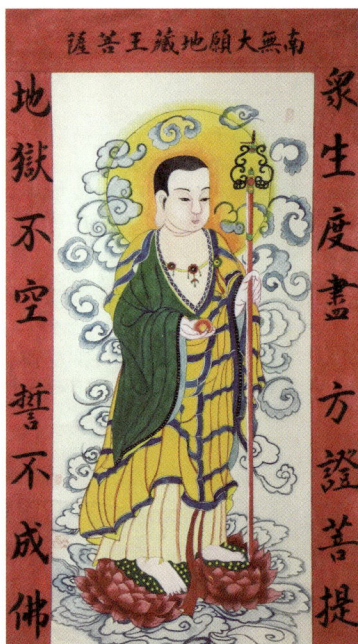

沂蒙挑花

伏倩倩　邢爱芝

沂蒙地区，地处鲁东南，濒临黄海，这里有着悠久的历史及丰富的文化资源，流传着众多的手工技艺，沂蒙挑花便是其中具有代表性的一项民间刺绣技艺。沂蒙挑花，是在丝织面料上，以剪纸纹样为基础，进行两次平绣，且在第二次施绣时根据需要将第一次的绣线"挑出"凸显于绣面，再形成图案的一种刺绣技法。主要分布在平邑县北部蒙山周边地区及平邑南部山区等。沂蒙挑花 2016 年 3 月被列入第四批山东省省级非物质文化遗产名录。

沂蒙挑花历史悠久，从现存实物资料看，与唐代山西"龙凤呈祥、富贵平安"挑花门帘一脉相承，历经千年的发展，直至民国时期，沂蒙挑花仍被广泛应用于婚嫁服饰中，如云肩、和衣、凤尾裙，另外还有新房挂件、摆饰、灯衣子等，其他绣品少

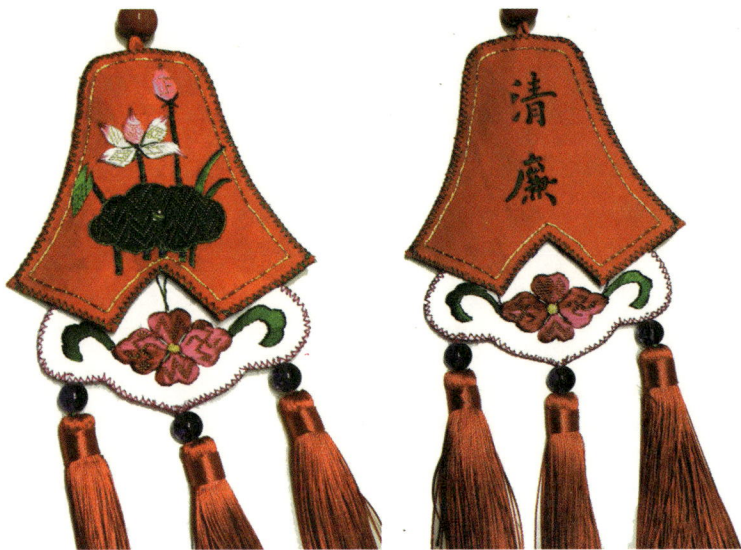

《警钟长鸣富贵永驻》香囊　邢爱芝

用此针法。沂蒙地区过去嫁闺女，新郎家所有长辈每人都要送一个耳枕、一个烟荷包、一双袜子和一双鞋，新娘也要穿得里三层外三层的，大户人家更是春夏秋冬的衣服都要备齐，小户人家"裙子""和衣"也必不可少。自家人实在做不完，在临近婚期的两三个月便请附近的绣花能手来帮忙，称之为"忙嫁妆"。

沂蒙挑花有着区别于其他刺绣的独特之处。

第一个特点是立体感强，像浮雕一样凸显于布面。原因有二，一是以剪纸花样为基础刺绣，剪纸被覆盖于绣线下面；二是分经纬两次施绣，其技法就是要绣两遍，即绣相互垂直的经线和纬线，类似织锦手法，此时的绣花针就好比云锦中的梭子，把下面的线用绣花针挑（织锦是提）出来形成花纹。在刺绣的基础上再刺绣，比一般刺绣多费一遍功夫，高出绣面一层，所以更加饱满，就像浮雕一样。

第二个特点是花中有花，图案化、装饰感强，内涵丰富。沂蒙挑花经纬线有规律地互相穿插挑压，在图案的基础上再形成图案，小小的绣花针像梭子一样在细小的花瓣、花叶、草虫翎毛上织锦，挑出美丽的图案。沂蒙挑花形成的主要图案为娃纹、胜纹、卍纹等，体现了远古的生殖崇拜和祈福、向善的心理诉求。沂蒙挑花除继承和发展了传统吉祥纹样外，还把蒙山上的山花（石竹花等）、山果（苹果、栗子、山里红等）也绣到了绣品上，品种更加丰富。

　　第三个特点是整洁精致、光滑细腻、结实耐用。沂蒙挑花是一种较为复杂的刺绣，它是先辈们在长期的刺绣实践中，为克服传统刺绣过线长容易被拐起、不够耐用等缺点而发明的一种技法。在施绣中，挑花技艺极为精细、有规律地穿插挑压，

《荷香柳韵》云肩　邢爱芝

《凤凰合羽》四尾大云肩　邢爱芝

使原来的刺绣针脚变短，不容易被尖锐东西勾起。由于工艺复杂，对刺绣者技艺、视力以及耐力等都有极高的要求。因此，在如此工艺精湛、费时费工的创作要求和背景下，挑花作品结实耐用，历经百年而不坏。

沂蒙挑花的技艺跟湖南、湖北等地的挑花不同，那里挑花的"花"是小十字，把小十字花在比较粗的底布上逐一找个合适的位置放下而形成花纹，"挑"是一声，是选择的意思。沂蒙挑花的"挑"是用针把下面的线挑出来，是三声。黄梅挑花及一些少数民族挑花，都是在底料上依据经纬线数丝绣小十字，现在流行的十字绣，就是从黄梅挑花演变而来的。

沂蒙挑花凝聚了沂蒙绣娘精湛的挑花技艺和扎实的美术功底，具有重要的文物史料价值，对研究沂蒙民间美术和民俗有着极其重要的作用。沂蒙挑花极具艺术价值，它融绘画、剪纸、刺绣、织锦于一体，图案工整亮丽、造型生动传神、线条柔和流畅、色泽朴素明快、手法精巧细致，浮雕感强。除此之外，还具有一定的科学性。沂蒙挑花类似于在一个花瓣、一

《一帆风顺》金银花领带　邢爱芝

个草叶上织锦，每个图案需精确计算丝数，纵横交织，一丝不
错，才能使图案精美、质地牢固、不易破损。

　　如今，沂蒙挑花也面临失传的困境。据说在过去，沂蒙地
区女人们人人会绣花，但会挑花的一个村也就一两个，这足以
说明这项技艺的难度与复杂程度。在沂蒙地区，嫁衣随葬的风
俗使得以前的挑花作品能保存下来的很少。改革开放后，随着
思想的解放和人民生活水平的提高，一些老艺人便重新拿起了
绣花针，但也仅仅是绣鞋垫、荷包一类的小物件，随着年龄的
增大、视力下降等问题出现，时至今日，老艺人还能进行挑花
刺绣的全平邑县不超 3 人。

　　守住优秀传统技艺，延续文化的精神命脉刻不容缓。

《富贵平安》长命锁　邢爱芝

宗家庄木版年画 伏倩倩

　　民间木版年画在中国有着悠久的历史，并在各地产生众多具有代表性的年画，它的产生和发展都与民俗活动密切相关，其题材也多融入了当地风土人情与习俗。在山东地区，最为有名的是潍坊杨家埠木版年画，潍坊杨家埠与天津杨柳青、苏州桃花坞并称中国木刻版画三大产地。除了杨家埠木版年画，山东还有另外一处影响较大的木版年画生产地——宗家庄木版年画。2006年，宗家庄木版年画被列入第一批山东省省级非物质文化遗产名录。

　　宗家庄位于山东青岛平度市区西部，地处青岛、潍坊、烟台三市交界处，交通、商业及信息等交流十分便利，宗家庄木版年画源于山东省潍县杨家埠木版年画。相传清道光年间（1821—1850年），宗家庄最早从事年画业的是宗有明，从起初售卖杨家

《富贵有余》 宗瑞鸿

《吉庆如意》 宗瑞鸿

埠年画到学习印制年画技艺，再到最后开创宗家庄第一家年画店，成为宗家庄年画的鼻祖。宗家庄年画在发展中，品种不断丰富，逐步形成画面细腻工整、色彩鲜艳亮丽、线条流畅挺拔等艺术特点，拥有了自己的风格。在繁盛时期，宗家庄拥有30多家字号，形成较大影响力并远销国内外。

宗家庄木版年画的品类、体裁样式等都非常丰富，有"窗顶""窗旁""三裁""门神""财神""观音菩萨""围桌""柜子面""毛方子"等，按用途可分为神供和装饰两大类。

神供类题材的年画多为民间信奉的各类神仙，有戏曲故事、民间寓言、神话传说等。灶王爷、牛马王、财神等年画篇幅较小，主要用于供奉。"围桌"是宗家庄年画中特色较突出的，围桌画是在除夕供奉时挂在桌前，它的上半部分多为大红的"福"字等，下半部多印"麒麟送子""财神进宝"等图案，其作用主要是挡住贡品桌子的桌底，作为装饰使用，与供奉有关。

装饰类的年画多用寓意、象征和夸张等艺术手法，有吉祥图案，也有戏曲故事、历史故事、英雄人物等，如"金玉满

《麟吐玉书》 宗瑞鸿　　　　《凤含芝草》 宗瑞鸿　　　　《送子观音》 宗瑞鸿

堂""富贵有余""五福捧寿""八仙过海""合和二仙""凤
含芝草""庄稼忙""西厢记""梁祝""空城计"等。门画、
窗画、顶棚画、炕头画等年画系列运用较多，其中每种形式又
有更为细致的分类，如窗画又可分为窗旁、窗顶和窗花三种，
不同类型装饰的尺寸、题材又有所区别。

　　宗家庄木版年画制作过程精细复杂，一般有绘画、刻版、
调色、印制、晾画、装裱等工序。首先，从画稿上勾出黑线
稿，然后将线稿翻过来用糨糊贴到梨木板上，刻出主线版；根
据线版刻色版，留出需要印刷部分，去除其他部分；接下来是
调色，线稿印制只需黑色，进行套色印刷则需多种颜色，常用
的有黑、蓝、绿、黄、红等，一张木版年画要印刷多次。印制
过程使用工具是两种刷子，一种是蘸颜料的"把子"，先用蘸
过颜料的"把子"刷线版，然后把纸平铺在线版上，再用不蘸

《门神》　宗瑞鸿

颜料的刷子在纸上均匀刷一遍，线稿刷完晾干，再把线版换成色版进行套色印刷；最后，进行修饰及装裱。

宗家庄木版年画在传承杨家埠木版年画古朴纯真的基础上进一步发展，造型夸张、丰满、粗犷，构图饱满、匀称，线条挺拔、流畅、精炼，人物刻画细致；设色多为平涂，色彩多为紫色、明黄、水绿、水粉等，对比强烈、鲜艳而不失沉着。在装饰手法上，除了形象本身的装饰性，背景多有均匀排列的横线——"沙线"或波浪线——"水纹线"，其装饰感独具一格。

宗家庄木版年画在发展过程中涌现出几位杰出的代表人物，清末宗学珍在艺术上不断探索，曾前往天津杨柳青拜师学艺，创作出表现中国人民反帝反封建的《革命军攻打南京》《湖北军事图》等时事题材作品。1997年，宗成云创立"宗家庄木版年画研究会"，着力于宗家庄木版年画的保护、研究和开发工作，并在原有制作工艺的基础上进行了大量改进、创新——开发创作出一系列新题材年画，如"一百〇八将""二十四孝""青岛老建筑"等；年画质量也有所改进，如将原来的油光纸换为高档宣纸；原来的调配颜料改为国画原料；包装销售上，单张出售改为装订成册，作为工艺品、纪念品进行出售，拓展网络销售、团体购买等方式。

随着现代社会的发展与人民物质生活水平的提高，传统习俗与审美习惯的改变使得宗家庄木版年画与其他传统手工艺一样，也面临着工艺改进及传承与发展等问题。如今，相关保护工作已相继展开，作为中国传统文化、手工技艺、民俗文化的一部分，相信通过政府、社会和传承人的共同努力，能够拓展木版年画在当今社会发展的新思路，让其一代一代传承发扬下去。

运河梁氏石刻脸谱 伏倩倩

　　石刻脸谱，是民间艺人在面具、脸谱的基础上发展起来的一门石刻脸谱技艺。其以石质作材料，融绘画、雕刻、拓印等为一体，是一项综合民间传统手工艺术。运河石刻脸谱起源于明代，至今已有四百多年的历史，清代中晚期至民国时期是石刻脸谱发展的最繁盛时期，台儿庄区古城约有 12 家脸谱作坊，梁氏石刻脸谱便是其一。20 世纪 50 年代，石刻脸谱逐步走向衰弱；60 年代后，因艺人制作受到限制，石刻脸谱不再制作，仅限于艺人及子孙的传承；70 年代末艺人又开始拿起刻刀恢复了石刻脸谱的制作。

　　位于台儿庄的梁家石刻脸谱的制作自清代始，距今已有百余年。除了制作石刻脸谱，还制作花脸面点模具。1985 年，梁氏运河石刻脸谱传承人梁化中（又名梁柱）为了不让祖传技艺流失消亡，继

梁化中作品

纸上刺绣脸谱　梁化中

葫芦脸谱　梁化中

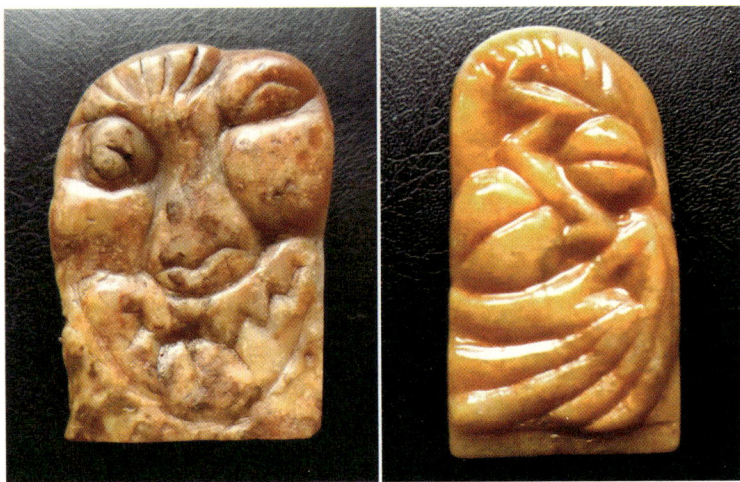

石刻脸谱　梁化中

承了梁氏祖传技法并坚持制作，通过收集整理资料、不断挖掘技艺技法，取百家之长，创新发展，不断培育传承人，创作出一系列运河石刻脸谱。梁化中代表作之一是一幅100米的石刻脸谱艺术长卷。脸谱中古今中外男女老少，神情各异，各具特色。通过不同刀刻线条，以及运用不同的夸张、象征等艺术手法，脸谱塑造了或沉稳，或活泼，或慈祥，或端庄，或威武，或狰狞，或文静，或滑稽的具有鲜明特色的人物形象。

运河梁氏石刻脸谱是纯手工制作，不仅传承了古老的脸谱的形制和雕刻技法，又有进一步的创新，艺术形象既古朴又新颖，脸谱各具神态且千人千面，表情丰富多变，性格特点鲜明，无一雷同。是集史前岩画、彩陶纹、古代面具、青铜图案、汉画像石、民间剪纸、皮影、戏剧脸谱、年画、漫画等绘画和工艺美术，以及石刻、篆刻、拓印、书法等民间刻制工艺技法为一体的综合性美术手工艺。

梁氏石刻脸谱题材广泛、艺术手法丰富多样。在题材上有不同系列，如戏曲人物、儿童、妇女、花鸟鱼虫、古代面具、文字符号等；在脸谱造型上，有具象描绘也有抽象表现，有正面刻画也有侧面描绘，有的形似饕餮纹、兽面纹、几何纹等。在脸谱外部轮廓造型上既有方形、圆形、椭圆形等几何轮廓，又有各式各样异形轮廓，很多脸谱是根据材料自然形状进行创作，随物赋形，创作出形态各异的面部神态。运河梁氏石刻脸谱的制作工艺亦十分讲究，制作程序如下：

石料，选用山中之石，石料硬度要求不要过硬，适中奏刀即可；

打磨，坯料成型后要进行打磨，一要粗打磨，二要细打磨；

打稿，根据印象中人的各式各样脸态进行构画，表示出各种人物自己特定的模式，并结合传统式样脸谱再艺术化，突出个性化特征而后定稿，可以在纸面上打稿，也可直接打稿在石材上；

过稿，根据定稿画面，再用记号笔临摹在石面上；

刻石，用篆刻刀根据稿形进行刀法刻制；

刀法，有冲刀法、切刀法、冲切刀法、刮刀法、击刀法、

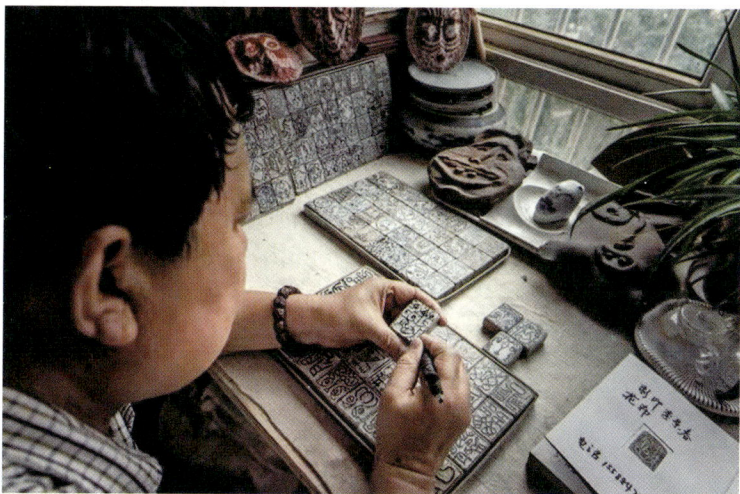

梁化中雕刻石刻脸谱

凿刀法等；

修改，是为了形成实虚的辩证法刀法；

调色，可以把印泥调成浓淡适中，也可以调成其他颜色进行印制；

印纸，选优质宣纸作印纸，印时不要左右按动，以免走形，即成纸上脸谱作品；

拓印，即履纸石刻上而拓印成凹凸画面，犹如汉画拓片的效果。

除了石料，还有的是将石刻脸谱技艺拓展于其他材料上进行表现，如纸塑脸谱、剪纸脸谱、泥塑脸谱、葫芦脸谱、陶瓷脸谱、纸面绘制脸谱、彩绘脸谱、纸杯脸谱、砖雕脸谱、木雕脸谱、国画脸谱、核雕脸谱等。

运河石刻脸谱千变万化、技艺精湛，至今运河石刻脸谱面具技艺已传播至苏北、鲁南不少市县，仅鲁南地区就存石刻脸谱艺人数十人。在山东、江苏、河南、安徽等地都有较大的影

石刻脸谱 梁化中

陶瓷脸谱　梁化中

彩绘脸谱　梁化中

响力。运河梁氏石刻脸谱的制作技艺在继承传统手工艺基础上，不断融合各种艺术手法，在创新发展中融入现代审美观和社会文化，在努力挖掘台儿庄运河历史文化的基础上，展现了运河石刻脸谱文化。

如今，脸谱已广泛应用于建筑、陶瓷、玩具、服饰等环境和产品之中，体现脸谱面具所传承的强大生命力，运河梁氏石刻脸谱不仅具有艺术价值，同时包含了历史文化价值、经济价值和学术研究价值。它具有深厚的地域特色和文化内涵，承载着古往今来的风俗习惯和生活方式，运河石刻脸谱在传承和创新发展中体现了其功能价值。我们应开发和利用好传统民间工艺美术资源，加以创新和开发，创造出现代性、实用性的产业价值，振兴传统工艺。

惠民泥塑 陈静

惠民泥塑又被称为河南张泥塑，亦有"娃娃张"之称，主要分布在山东省惠民县的河南张村及其周边地区。惠民泥塑造型质朴，形象突出，色彩对比强，极富装饰性。2006年12月，惠民泥塑被列入第一批山东省省级非物质文化遗产名录。2011年6月，被列入第三批国家级非物质文化遗产名录。

惠民泥塑距今已有600多年的历史，起源于明朝初年，当时为了解决黄河下游的土地荒芜、水灾泛滥等问题，在明洪武（1368—1398年）、永乐（1403—1424年）、宣德（1426—1435年）年间，大量的移民被迁入到惠民县的河南张村，移民中有心灵手巧的农户，便利用黄河附近的泥土做起了泥娃娃，到附近的集市、庙会上售卖。中国北方很多地区有拴娃娃的习俗，就是将泥娃娃请到家中，作

《金童玉女》 张凯

《夫唱妇随》 张凯
张洪恩拍摄

《春华富贵》 张凯

《红脸关公》 张连华
张洪恩拍摄

为家里祈子添丁的信祝之物。河南张村的泥娃娃正是迎合了当地百姓祈福求子、祈求吉祥的心理期望，适应了当地拴娃娃的民俗活动需求，并逐渐与地方的民俗活动融合到了一起，成为民俗活动的重要组成部分，促进了惠民泥塑的进一步发展。

火把李村原来有个娘娘庙，每年二月二都会举行庙会，赶庙会中有一个重要的民俗活动就是拴娃娃。这个地方离河南张村很近，村民就会带着做好的泥娃娃去庙会上售卖。祈盼家里添丁的百姓通常要到庙上烧香，向庙里的送子娘娘祈福求子，然后买个泥娃娃系上红绳带回家，这就是拴娃娃，而"拴"的就是河南张村的泥娃娃，火把李村的庙会也就成为河南张泥娃娃的主要卖场。赶庙会的附近村民和慕名而来的外地游客都会聚于此。颜色艳丽的泥娃娃、各种造型的泥玩具摆满了村头巷尾，逛庙会、买泥娃娃，成为一道亮丽的风景线。

惠民泥塑朴素写实，内容丰富，题材广泛。泥塑由最初的娃娃、佛像、动物等品种，逐渐发展到后来的数百个品种，表现内容多与人们的社会生活紧密结合，以欢庆吉利的主题为主。它既是民俗的载体，又是可供欣赏的民间艺术品，同时也是孩子们手中的玩具。惠民泥塑主要有泥娃娃和泥玩具两大类型：泥娃娃是惠民泥塑的传统类型，延续着传统的题材和吉祥的寓意，常见的有老寿星、送子娘娘、童男、童女、关公、岳飞、梁祝等人物题材；另一类是泥玩具，体量较小，孩子们可以放在手中把玩，常见的有泥虎、泥鸡、带哨的响娃、带竹片的吧嗒娃等造型。

惠民泥塑造型简练夸张、形态饱满、色彩艳丽，具有明显

《富贵朝天鸡》 张连华
张洪恩拍摄

《鸳鸯鸽哨》 张连华
张洪恩拍摄

的地域性特征。在造型的处理上，惠民泥塑更注重整体的视觉效果，线条简洁、形象突出、神态生动，极具亲和力。在色彩的处理上，用色大胆明艳、突出色彩对比，具有强烈的视觉效果和艺术表现力，具有浓重的乡土气息。

惠民泥塑的制作工序烦琐，主要有取土、踩泥、制模、模印、晾胎、糊纸、涂胶、上彩等诸多工序，每一道工序都需要仔细完成，这考验的不仅仅是手上的功夫，更是制作过程中的耐心。惠民泥塑就地取材，用黄河淤泥处理后制作。取来的泥料需要先风化一段时间，再掺入棉絮和面浆，经加工后才能使用。在制作泥塑的所有工序中，最重要的步骤就是制模、糊纸和上彩，这是泥塑成型的最关键的工序，会影响到泥塑最终呈现的效果。泥塑用色以火红、桃红、黄、绿、紫色为主，以

《泥巴对虎》 张连华
张洪恩拍摄

《添寿玉女》 张连华
张洪恩拍摄

《树叶猴》 张凯

墨、金勾线，用笔流畅，线条简练，色彩对比强。在进行上彩时，以正面为主，细致刻画，背面会从简处理，甚至不上色。

在全盛时期，河南张村每家每户都要做泥塑，于是就有了"河南张，朝南门，家家户户捏泥人"的繁盛景象。一到农闲，村民们就开始制作泥坯，到了春节期间，就可以涂粉上色，制作成品销售。当时有高青、邹平、临邑、利津、滨县、阳信、广饶、商河等十余县的客商前来进货，同时还远销美国、韩国、日本等地，备受人们喜爱。

惠民泥塑具有独特的民俗魅力，随着时代的进步，惠民泥塑也在不断创新与发展。我们要充分把握时代脉搏，不断探索表现形式，延续传统技艺，将惠民泥塑融入现代生活，使其在继承传统的基础上不断发扬壮大、推陈出新，得到更好的传承与发展。

济宁面塑 陈静

面塑，又称面花、捏面人，是用面粉、米粉为原料，捏塑各种立体造型的传统技艺。面塑源自传统饮食文化，是民俗生活中不可或缺的组成部分。济宁面塑最早是用于祭祀的，传统习俗中，在祭天地、敬鬼神时，百姓们会制作动物、瓜果、蔬菜等造型面塑作为贡品，颜色艳丽、形象逼真。后来逐渐形成当地的风俗，每到重要的节日，人们都要捏制各种造型的面塑，祈福纳祥。2013年5月7日，济宁面塑被列入第三批山东省省级非物质文化遗产扩展名录。

济宁面塑以运河衙门祭祀和孔府贡品为代表，运河衙门面塑以古朴、粗犷为主，孔府面塑则以精致、细腻为主。孔府档案曾有记载，在为慈禧太后寿诞祝寿时进贡的面食菜单中，就有面塑作品：其

《孔雀迎宾》 张磊

中的寿字木樨糕、寿字油糕、如意卷、百寿桃，就是当时孔府面塑的代表。

　　济宁面塑线条圆润、形神兼备，色彩艳丽、明快、对比性强。色彩多选用红、黄、蓝、绿、紫等明度较高的色彩，红配绿，黄配紫，橙配蓝，夸张的撞色手法，使面塑具有更强的观赏性，形成了富有装饰性极强的色彩特征。艳丽的色彩代表了喜庆与热闹，同时也体现出了当地百姓直率爽朗的个性。

　　济宁面塑的造型多来自于生活，是在长期的生活实践中逐步发展起来的一门传统技艺，具有浓厚的乡土气息，体现着质朴淳厚的劳动本色。济宁位于黄河流域，土壤肥沃，物产丰

《孔子72贤》 张震

《鹤鹿同寿》 张磊

富，为面塑的创作提供了优越的物质条件和创作素材。面塑常见的表现题材有人物、动物、植物，还有神话传说、历史故事、民间戏曲中的人物和场景，这些都是在平时生活和劳动中经常能见到的、听到的创作题材，都取自生活，来源于民间。面塑造型大都具有吉祥的寓意，蕴含着老百姓对美好生活的愿望和对未来美好生活的憧憬。面塑作品常用谐音和象征的方式，所以经常能见到寿星、寿桃、百合、葫芦、石榴、莲蓬等题材，来表达百姓祈求多福长寿、多子多福、家庭和睦的美好期望。

面塑从用途和形式上可分为两种：一种是可食性的，一种是观赏性的。可食性的面塑如花糕、面鱼和糕点；观赏性的面塑，造型多样，题材丰富，制作精美，可以长时间保存。面塑的制作主要包括和面和捏塑两道工序，但可食用面塑和观赏性面塑在制作方法上是有一定区别的：

《鹤鹿同寿》 张震

《至圣先师孔子行教像》 张震

《贵妃醉酒》 张震

《竹韵》 张震

可食用面塑多为发面的，先把面发好，做造型，然后上锅蒸，最后表面上色；有的是在和面的时候就已经把染色用的蔬菜粉或蔬菜汁加在面里，然后再发面、做造型。这种可食用面塑主要用于祭祀、人生礼仪等重要的民俗活动中，也可以用来馈赠亲友、送出祝福。制作材料和工具主要有：白面、酵母、红枣、黑豆、剪刀、菜刀、梳子等。在制作过程中，发面和塑形比较重要。先将面发好，然后按照需要的式样进行捏制塑形。原来都是自家制作，工具简单，现在很多专门制作面塑的艺人，为提高加工速度，也会用一些模具，这样加工起来就更为方便、快捷。

观赏性面塑用的多是蒸面。把白面和糯米粉按照一定比例用开水和面，压成 2-3 cm 的薄面上锅蒸熟，冷却后添加适量

《齐天大圣》 韩伟纪

《财神》 汤洪利

的防腐剂、甘油（有些面塑艺人，是在蒸面前添加防腐剂和甘油），装入塑料袋中放置几天后，根据需要的颜色，用广告色或国画颜料进行染色，备用。制作面塑时，根据制作的大小，在内部需要制作骨架或填充物，一方面是为了稳定、好塑形，另一方面是为了防止开裂、变形。面塑常用的工具有：圆头塑刀、尖头塑刀、剪子、小擀面杖、梳子、镊子、垫板等，有些制作比较精致的造型，需要辅助一些肌理模具，这样制作细节更为方便。除了传统的蒸面材料，也有用超轻黏土、软陶等材料进行制作，使用起来更为便捷，省去了蒸面的过程。

　　济宁面塑根植于当地的民俗和生活，是当地重要的民间艺术之一。面塑的发展，紧随时代的步伐，在表现题材和应用上，已打破传统的模式束缚，更贴近现代生活，期望面塑技艺能够不断推陈出新，让这一传统技艺得到更好的传承与发展。

《过年》 张震

胶东花饽饽习俗 陈静

　　胶东花饽饽习俗是源自民间的传统习俗，主要流行于胶东地区。饽饽就是馒头，胶东的饽饽却极具地方特色，当地的百姓将它做成各种花样造型，被形象地称为花饽饽。这些用面做的花样饽饽，承载着百姓对求吉纳福的美好愿望，每逢重要节日、人生礼仪等重要事件，人们都要蒸制各种造型的花饽饽进行祈福，在当地已经成为一种约定俗成的习俗。2009 年 9 月 27 日，胶东花饽饽习俗被列入第二批山东省省级非物质文化遗产名录。

　　胶东花饽饽习俗历史悠久，是根植于地域风俗和生活习俗中形成的一种艺术形式，具有鲜明的地域性特征。因各地风俗习惯的差异，胶东花饽饽样式和做法也有所不同，有的是以食用为主，有的是以观赏为主，主要流传于烟台、栖霞、蓬莱、龙口、

《四季平安　夫妻和睦　百年好合》　陈月英

《福寿延年》 韩情

《金玉满堂 富贵花开》 韩情

招远、牟平、莱州等地。

胶东花饽饽源自于百姓生活，应用于节庆风俗的活动中，是节庆风俗的重要表现方式。胶东地区在年俗活动、重要节日、重大事件的时候，都能见到各式各样的花饽饽，不仅可以祈求五谷丰登、辟邪消灾，还可以用来馈赠亲友，送出祝福。

年俗中的花饽饽习俗。过大年是中国传统的重要节日，从农历的腊月二十开始，老百姓就开始蒸花饽饽，每家都会蒸很多，足够整个正月全家食用。胶东过年常制作的是大枣饽饽、茧饽饽和圣虫，主要用于供奉祖先、财神和菩萨。腊月三十，将五个饽饽叠放起来进行供奉，寓意多财多子多福；正月十五供奉五个茧饽饽和三个大圣虫饽饽，供奉完后，茧饽饽即可食用，但圣虫饽饽要放到粮囤、米缸或钱柜里，寓意五谷丰登，连年富余。

《鲤鱼跳龙门》 贾雨萍

　　婚俗中的花饽饽习俗。胶东的花饽饽在婚俗中显得格外的华丽，占据着重要的位置。烟台地区的婚礼要准备两个铜盆花饽饽，铜盆花饽饽上装饰着颜色艳丽、寓意吉祥的动植物造型，常见的有龙、凤、鱼、鸳鸯、葫芦、石榴等纹样装饰。铜盆花饽饽底座上以龙凤装饰，寓意龙凤呈祥；底座上以两条鲤鱼装饰，寓意年年有余。还有诸如葫芦、石榴、寿桃等寓意多子多福多寿的小件加以点缀装饰，色彩丰富、寓意吉庆，烘托了喜庆的气氛。有些地方结婚时还需要娘家准备八大件花饽饽，结婚当天由新娘带到婆家：鸳鸯一对，寓意爱情美满；鲤鱼一对，寓意富足有余；肥猪一对，寓意五谷丰登；寿桃一对，寓意长寿百年。

　　人生礼仪中的花饽饽习俗。传统的人生礼仪在百姓认知中尤为重要，因此每到此时，胶东百姓都要做一些花饽饽，供奉祖先、馈赠亲友，具有祈福纳祥、吉祥如意的美好期望。给新生儿过百日的风俗在全国各地都有，在胶东，孩子过百日时，姥姥会做一百个小饽饽，有虎头、牛蹄、百岁等造型，莱州等地还会制作虎头、长穗、月豉、糖包、糖帽等小饽饽，寓意长命富贵、健康成长。给家里长辈祝寿时，会制作贺寿花饽饽、大寿桃、老寿星，祝福长辈长命百岁、身体康健。

重大事件中的花饽饽习俗。盖房子对老百姓来说是件大事，在烟台地区，很多农村在盖房上梁、立柱等时，都要举行隆重的祭祀活动，恭请土神安家，保佑金梁玉柱永固。花饽饽在其中起到十分重要的作用，常见的花饽饽有老虎、圣虫、龙凤、狮子、肥猪等造型，寓意龙凤呈祥、摇龙抬头、凤落宝地、五

《温锅花饽饽》（石榴，元宝，面灯，鲤鱼） 唐苗苗

《富贵吉祥》（铜盆饽饽） 孙金玲

《盛世中华》 张燕

《狮子滚绣球》（孩子百岁饽饽） 孙立龙

谷丰登等。在栖霞、莱州、招远等地，在盖房上梁时，有撒小饽饽的习俗，有桃子、葫芦、花朵等造型，小饽饽很多，一般是东家夫妻岁数相加的双倍，把小饽饽从房梁上撒下，帮忙的邻居们都会去抢食，寓意幸福美满、富贵安康。

　　花饽饽造型丰富，寓意吉祥，是胶东花饽饽习俗的重要表现形式。历经百年传承的花饽饽，到如今已经发生了巨大变化，胶东花饽饽已经有了更为专业的制作工坊，不仅在国内备受欢迎，而且还走出了国门。随着生活水平和生活方式的变化，传统的风俗习惯也在融入现代生活，花饽饽的造型和样式呈现出多元化的发展趋势，更适合当代人的生活和审美。

潍县布玩具 陈静

　　布玩具在中国有着悠久的历史和文化底蕴，心灵手巧的中国百姓用身边最简单的布料为孩子们缝制一些造型别致的玩具，用最朴实的语言，表达对美好生活的期望。民间传统布玩具经历了长期的发展与传承，保留下来的经典样式，更是在民间广泛流传，各地布玩具都极具地方特色，是兼具实用性和审美性的民间传统技艺。

　　潍县是潍坊市新中国成立前的旧称，潍县布玩具是当地原生态的民间艺术，以白浪河沿岸村庄的布玩具最具代表性，主要分布在寒亭区开元街道及周边地区。布玩具最早起源于绣房中的针扎，有些地方称为针姑子，一般用碎布头做成，是插放绣花针的用具，可以防止绣花针掉落难找。后来又陆续出现了荷包、布老虎、虎头鞋、布娃娃等各种造型

《飞龙在天》 韩延梅

《小山羊》 韩延梅

《潍坊手绣香荷包》 耿红梅

的布艺品，这些布艺制品既好看又好用，不仅可以给孩子玩耍，还可以馈赠亲友，装点家居环境。

潍县布玩具造型夸张、粗犷质朴、色彩艳丽，乡土气息浓厚，是潍坊传统民间艺术的代表。潍县布玩具多是农家妇女在闲暇时的创作，巧手的她们用制作精巧的布玩具补贴家用，受到当地百姓的喜爱，逐渐形成一定规模。这种布艺品逐渐成为商品，有的开始以此为生，常年制作并世代相传，潍县布玩具就这样发展起来，成为当地极具特色的民间工艺品。改革开放后，为了适应市场需求，潍县布玩具陆续开发了多种款式，逐渐发展成一项产业，远销港澳、东亚、欧洲等地。2013 年 5 月，潍县布玩具被列入第三批山东省省级非物质文化遗产名录。

潍县布玩具有着鲜明的地方特色和民族风格，它的制作多与当地的民俗风情紧密结合，作品取材广泛，造型简练，具有浓郁的乡土情怀。潍县布玩具有三个特点：一是造型简练、形态夸张、粗放质朴。玩具造型在形似与不似之间，以神似取胜。二是色彩艳丽、生动明快、对比性强，多以红、蓝、黄、绿、黑为主，形成了红红火火、大吉大利的色彩形式，具有极强的乡土气息。三是质朴的原发性创作，根据手边的布头形状即兴创作，玩具造型夸张、形神相似，形态不拘一格。

表现题材以动物形象为主，饱含吉祥寓意，常见的有虎、狮、驴、象、鹿、马、牛、羊等。在民间习俗中，虎为百兽之王，可以避灾镇宅、保家康宁。布老虎是潍县玩具最具代表性的题材之一，与同类布老虎相比，造型上更加简练，虎头大、身子小，突出面部主要特征，形象高度概括。现代潍县布老虎的造型多样，品种更加丰富，根据人们的需求与审美，还拓展了乖乖虎、独尾虎、镇宅虎、圣诞虎、招财虎等多种款式，除

《布老鼠》 耿红梅

《布老虎》 耿红梅

《布老鼠》 耿红梅

《布老鼠》 韩延梅

《民俗风绣球》 韩延梅

《布老虎》 韩延梅

《双头驴》 韩臻

了布老虎，还有虎头鞋、虎头帽等多种类型，寓意消灾避祸、健康成长，成为潍县布玩具的代表作品。随着时代的发展，布玩具的种类不断增加，除了香荷包、布老虎、针姑子、上梁鱼、狮子滚绣球等传统的类型，还有带一定故事情节的老鼠娶亲、双头毛驴、男女对孩、十二生肖等题材布艺玩具，根据动画片设计的喜羊羊、灰太狼等新造型，也深受人们喜爱。

色彩艳丽，对比强烈。潍坊布玩具在色彩搭配上受到了潍坊风筝、杨家埠木版年画的影响，"红红绿绿，图个吉利"，这个流传于民间的艺诀，也印证了潍县布玩具的色彩特征。潍县布玩具以红、黄、蓝、绿等艳丽色调为主，形成了大红、大绿的色彩搭配，用色对比强，富有浓重的乡土气息。

制作材料品种丰富，因材成形。早期布玩具形态不拘一格，造型随机性强，通常利用裁剪后剩余的边角料进行制作，根据材料的造型进行创作，没有固定的造型，随意性较强，颜色丰富多变。成为商品后，潍县布玩具从设计到制作都有了很大的改进，制作玩具的面料多采用质地优良的棉布、绸缎、绒布进行制作，在制作工序上更为严谨，需要经过设计、上浆、裁剪、缝合、填充、封口、刮胶、贴花、手绣等多道工序完成，制作流程趋于标准化，也便于批量化加工生产。

潍县布玩具在传承过程中，不断增加其文化内涵、拓展玩具品类，将寓意长命百岁、祛凶辟邪、祈福纳祥等美好愿望融入其中，蕴含着民间百姓质朴的价值观和审美情趣，突出了当地的民俗文化和地域特征，对发扬和传承传统民艺文化、丰富人们生活起到十分重要的作用。

曹州堆绣 李霞

　　堆绣艺术是刺绣技艺与唐代"堆绫""贴绢"技艺的结合。曹州堆绣作为一种古老的手工技艺，择选不同颜色的绢、绫、丝绸、棉麻、毛等各式布料，剪成设计好的图案形状，然后再堆贴，最后用彩线绣制成一幅完整画面。曹州堆绣于2013年被列入第三批山东省省级非物质文化遗产名录。

　　曹州堆绣分布的地区集中在菏泽市陈集镇及周边乡镇，流行于河南省的商丘、周口，河北省的馆陶、山西省的太原、陕西省的西安、甘肃省的宝鸡一带。曹州堆绣艺术起源于唐宋，奠基于元，盛行于明清，通常用绢、绫、丝、棉麻及各种布料作为原料，剪制成设计好的图案样式，利用粘贴等方法堆绣而成，是刺绣技艺与唐代"堆绫""贴绢"技艺的结合与发展。曹州堆绣的发扬光大，得益于元

《啸雄》 刘宪堂

末明初曹州谷家女子嫁到定陶县陈集镇刘家。这时堆绣技艺多于民间流传，多作为装饰用在民间女子的衣物上。到了清代中期，曹州堆绣花纹图案逐渐变得小巧精细，并且受西方绘画的影响，图案常用西洋花卉，使得曹州堆绣愈加艳丽多姿。晚清至民国时期，曹州堆绣开始大量运用到团花、皮球花、满地、开光、绵纹等图案纹饰，并且出现了水墨画风格和三蓝风格的制作方法。此时，有数十种堆绣技法被很好地传承了下来。

明清时期的曹州堆绣已然成为名门望族之家重要的女红之一，后来演变成贡品，这种高级工艺品也逐渐受到了皇家的垂爱。堆绣作品通常以现实生活为对象，表现的题材比较丰富，有花鸟、走兽、山水、虫鱼、人物等，通过复印、剪、裁、粘、拼花等工序，一步步堆绣而成。堆绣呈现出内容丰富、形象逼真、色彩鲜艳等特性。现在的曹州堆绣主要集中在定陶县陈集镇，用晕色、切色、拉丝等20余种堆法，经由鲁西南特有的民间文化的传承和发展，带有着浓厚的乡土气息，形成了典型的鲁西南地方风格。曹州堆绣的主题产生于自然，意境与自然融为一体，是民间工艺与人们精神生活的有机结合，更是人

《国色天香》 刘宪堂

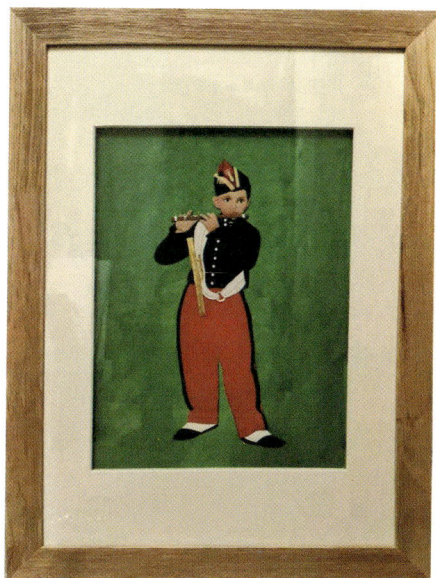

《吹笛少年》 刘宪堂

《向日葵》 刘宪堂

们在长期生活实践中创造并传承下来的优秀艺术，在鲁西南女红技艺中具有代表性。曹州堆绣和其他堆绣技艺的最大不同，是整幅作品全部用布做成，更有层次感，所以观赏价值更高。

曹州堆绣经过多年的传承，工艺仍然保留着绘画、浮雕、抽丝、贴线等多种技法，作品以精细的做工和颇具民族特色的图案而出名。曹州堆绣亦可以分为平面堆绣和立体堆绣。立体堆绣也叫堆绫，它是把刺绣和浮雕完美地结合成一体，在所堆的布绸图案中间铺垫羊毛或棉花，使其变得凸起。堆绫图案有强烈的真实感，视觉表现立体，具有较高的观赏价值。平面堆绣简称"平堆"，是指把剪好的绸缎块平贴拼合在底衬布料上，中间不需要填充羊毛或棉花，只稍加修饰渲染即可。曹州堆绣表现出浓郁的田园气息，有色彩绚丽、层次分明、形象逼真、质感饱满、做工考究的独特艺术魅力，具有很强的鉴赏性、工

《观音》 刘宪堂

艺性，有着较强的视觉冲击力。

　　堆绣工艺看起来较为简单，实际上却是一种非常细腻的手艺，工序复杂烦琐，从选题、复印、剪、裁、粘到拼图，即使是一幅简单的堆绣作品也要付出几天的劳动，复杂一些的作品需要耗费几个月的时间才能完成。堆绣作品好坏，和制作者的心境也有关，讲究形和意的结合。作为一种艺术创作活动，同一幅图案同一个人做，因为心境的不同，外观上虽然没有什么大的区别，但在作品的神韵上还是有差距的。

　　现代的曹州堆绣广泛借鉴并融合了现代绘画的诸多艺术元素，内容更为丰富，画面色彩更加绚丽，形象更逼真，但依旧有着浓郁的生活气息。堆绣小幅作品内容的创新，主要融入了孝老爱亲、婚育文化、移风易俗等现代文明元素，和时代的发展紧密结合，使古老的堆绣技艺焕发出新的生机和活力。在保留堆绣原有风格特点的基础上，又增添了现代审美情趣和艺术特点。

　　但是，古老的曹州堆绣技艺因为工时长、制作缓慢、经济效益较低等原因，还是慢慢淡出了人们的视野。随着几位老艺人的相继离世，曹州堆绣技艺传承呈现脱节局面。曹州堆绣被列入山东省省级非物质文化遗产名录，是个重要的契机，为堆绣技艺的传承和发展注入了一针强心剂。

佚名

即墨花边传统手工技艺

李霞

　　即墨花边又被称为即墨镶边大套，是山东优秀的民间传统抽纱工艺，由单线织绣花边而成，造型如浮雕般有较强的立体感，因其特殊而精制的手工工艺在国际市场上被誉为"抽纱行业的妙品瑰宝"。即墨花边传统手工技艺2016年被列入第四批山东省省级非物质文化遗产扩展名录。

　　即墨花边是鲁绣的一种，距今已经有近百年的历史。相传明朝末年，用丝线或棉线编织而成的网状花边工艺就在即墨民间出现。清代中期，即墨西北地区已经广泛流传"绣花"和"小扣锁"（捏绣）两种民间手工绣花工艺。这些都为以后即墨花边工艺的成熟和兴盛奠定了基础。即墨花边工艺真正形成的契机是于1910年，即墨艺人引进了意大利花边并在当地进行生产，结合即墨民间编织和刺绣的特点，把中国传统的民间图案融入其中，不断地创新和改进图案和针法，从而形成了具有地方织绣特色和民间传统风格的即墨花边。1956 年成立了即墨花边厂，自此，即墨花边发展开启了新的篇章。花色和规格变得更加丰富——由最初的几个品种，10 多种规格，发展到台布、餐套、床罩、钢琴罩、沙发套、伞面、衣领等十几个品种，有 2300 多种不同花色和规格，并且获得诸多荣誉。1983 年，即墨花边更是荣获中华人民共和国"工艺美术品百花奖"金杯奖。随着时代的发展，即墨花边同其他手工艺品一样，因为对手工技艺的要求高，并且生产周期长，无法进行产业化发展，曾经红火的花边厂开始由盛转衰。1998 年，即墨花边厂宣布破产。时光如梭，当年手艺精湛的"绣娘"如今年事已高，早已不再制作花边，即墨花边工艺濒临失传。

《即墨花边台布》 王军

即墨花边《平安如意》 王军

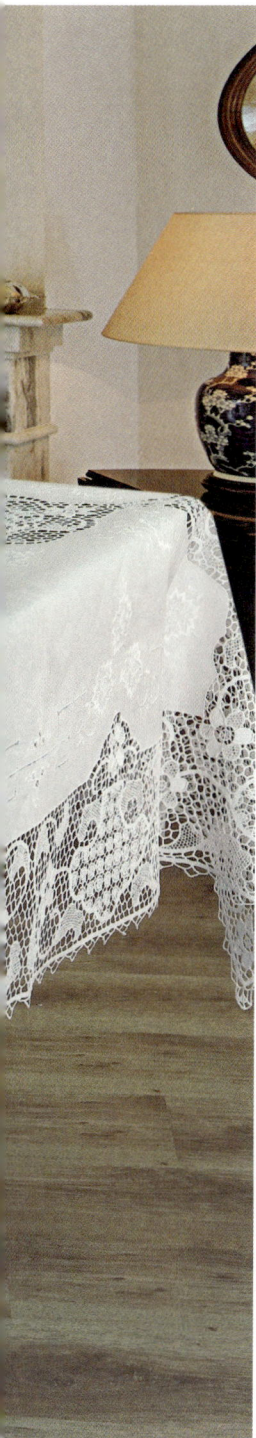

一套完整的即墨花边传统手工编制工艺流程通常分为八个工序：图纸设计、整料工人印制布花、花边编制、绣花作业、花边镶拼、产品晾晒漂洗、烫熨花边产品、花边细节修整等。即墨花边色泽雅致古朴，以麻本色、漂白为主，主要原料选择特制丝光线和质地优良的亚麻布。即墨花边有着独特的艺术风格，让人见之忘俗。其根本原因在于即墨民间艺人不断总结、改进当地花边编织技艺，同时又汲取欧洲国家花边织绣的技艺精华。即墨花边的绣线主要采用21/4、21/6、20/4等不同股数的丝光线；以天然优质的亚麻布为材料；工艺包括锁、编、织、缠、露、拉、镶等20多种，并与80余种针法融为一体，力求达到平、薄、光、匀、齐、净的工艺技术要求。在编织时，绣

《浪漫爵士》（1972年即墨花边台布——出口意大利）王军

《即墨花编小件》 王军

娘会根据需要把图案分成小块，把每一小块订在一尺半左右的蒲席上，编织完成后把小块的织绣花样按照原图连接起来，再将边子和手札布花拼镶加工，最后做修整、烫平处理。织边的主要针法有50多种；刺绣的主要针法有抽经（纬）、锁边、掏眼、扒丝、抽勒等24种。即墨花边需要手工艺人有高超的技艺水平，无论进行织边还是刺绣，都需要把线拉得松紧一致，这样才能做到网眼清晰、大小均匀。织出的图案不卷曲，整体看上去非常平整。即墨花边需要综合运用各种工艺和针法。经过镶拼，把花边和刺绣连缀成套，两种不同的工艺针法带来虚实呼应的和谐美感，织绣完成的作品左右对称、层次分明、色泽雅致，呈现出比较完美的强烈浮雕感的视觉效果。

即墨花边代表了中国传统编织技术的极高水平，是花边编织与手工绣花两种传统手工技艺的完美结合。在编织过程中，每道工序都十分严谨，无可挑剔。故此，小幅花边作品精美绝伦，常用作茶具罩、杯垫、餐垫，是一种时尚高档的消费品和艺术收藏品；大幅作品高贵典雅，是重要场所的装饰用品。即墨花边在国际市场上有"抽纱瑰珍"美誉，曾经畅销40多个国家和地区。然而，即墨花边的发展前景目前堪忧。首先，制作工艺水准高且工期长，一款很小的茶具罩，需要绣工一针一针地连续编织半个多月才能完成。其次，技艺传承较难为继，在市场化背景下，耗时费力的手工劳作难以吸引年轻人的青睐。虽然困难重重，但也有喜爱这项手工技艺的人，把这些花边作为珍藏品，并且售价也非常高。值得一提的是，即墨花边的传承人转变思路，带领团队以市场为导向，洞悉花边流行趋势，研发即墨花边新材料、新针法和新产品，进一步拓展国际市场，并且积极申请版权保护，推出了手包、茶席、服饰等即墨花边文创产品，为即墨花边的持续发展带来新的活力。

《即墨花边衍生品》 王军

锦灰堆 李霞

锦灰堆又名"八破图""拾破图"，也叫"集破""集珍""打翻字纸篓"等。锦灰堆起源于元代，距今已经有800多年的历史，主要分布于山东淄博市周村区和北京市。2013年被列入第三批山东省省级非物质文化遗产名录。

锦灰堆属中国画，起初是画家画完画之后对剩余笔墨的几笔游戏。比如画出书房的一个角落——画面上有用秃了的笔，翻开的字帖，还有画废了的稿子，以杂乱的层叠的姿态放在画纸上。画风写实逼真，乍一看去还真像是字纸篓被打翻了，所以又戏称"打翻字纸篓"。锦灰堆通过画面真实再现文人雅士书房中常见的杂物，这些杂物也呈现出耐人寻味的文化气息。它的画法源自传统中国画，并受到西方文化的影响，在表现技法上，是具三维视觉

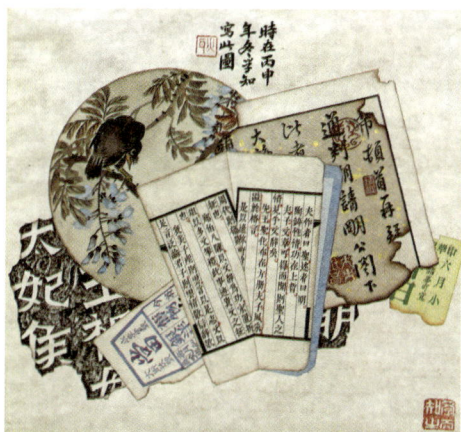

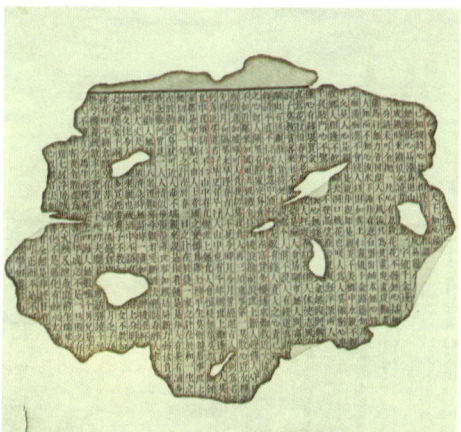

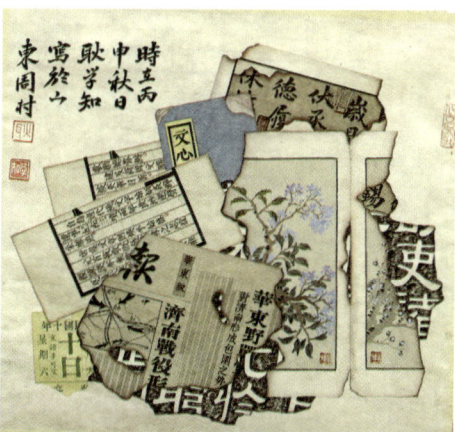

《锦灰堆斗方》 耿学知

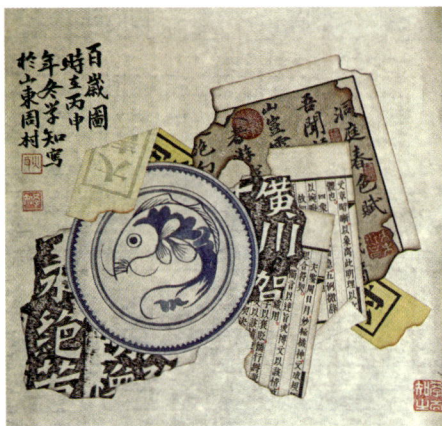

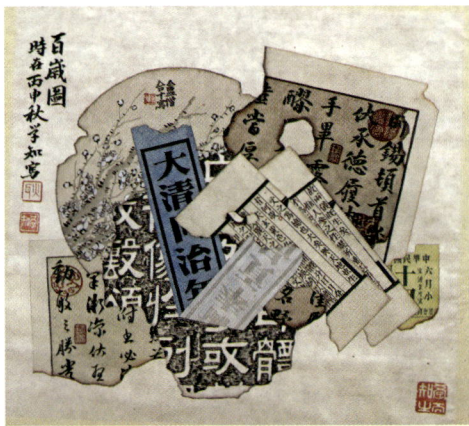

《百岁图》 锦灰堆斗方 耿学知

艺术特点的写实画法。一些文雅的"杂物"——古旧字画、废弃的画稿以及扇面信札、瓦当和青铜器拓片、残损的典籍等文物片断、虫蛀的古书等都是经常被描绘的对象。它们大都已经撕裂、破碎、火烧，破旧而遍布污痕，通过画面巧妙的安排却常常给人以古香古色、典雅古朴的感觉，有着耐人寻味的残缺的美，因此曾经备受文人雅士的青睐。

锦灰堆作为书画中的一个独特门类，在清朝初年发展到陶瓷上，并随着陶瓷器的出口到达日本、新加坡及东南亚。锦灰堆是文人雅士的游戏之作，画家画于纸上自我欣赏或互相赠送。这种独特的绘画技艺难度极高，需要绘画者多才多艺。画者要有高超的绘画技法，善画花鸟鱼虫、山水人物；画者要善写行书、草书、隶书、篆书、楷书，并熟练模仿各家字体；要熟知各种青铜器造型，掌握碑拓、篆刻技法等。这一传统技艺制作难度如此之大，耗时又长，胜任者寥寥无几。

锦灰堆作品"非书胜于书，非画胜于画"，用写实手法描绘文人书房所常见的杂物残片，构图看似随意，实则非常讲究，都是经过巧妙安排，力求杂乱而不呆板；碎片之间色调深浅错落，同一色调在不同部位遥相呼应。所选杂物颇为文雅，呈现破碎、火烧的形状，给人以古朴典雅的感觉。所以锦灰堆的突出特征可概括为一个"破"字，要画出破碎、撕裂、重叠、翻卷、烟熏和火烧等古旧样貌。要绘制锦灰堆，并非一朝一夕之功，至少要十年才能基本掌握。锦灰堆的画法决定了它是一项极其耗费精力的艺术创作。复杂一些的需要几个月才能完成，简单一点的锦灰堆作品也需要 20 天左右。作画者擅书法和

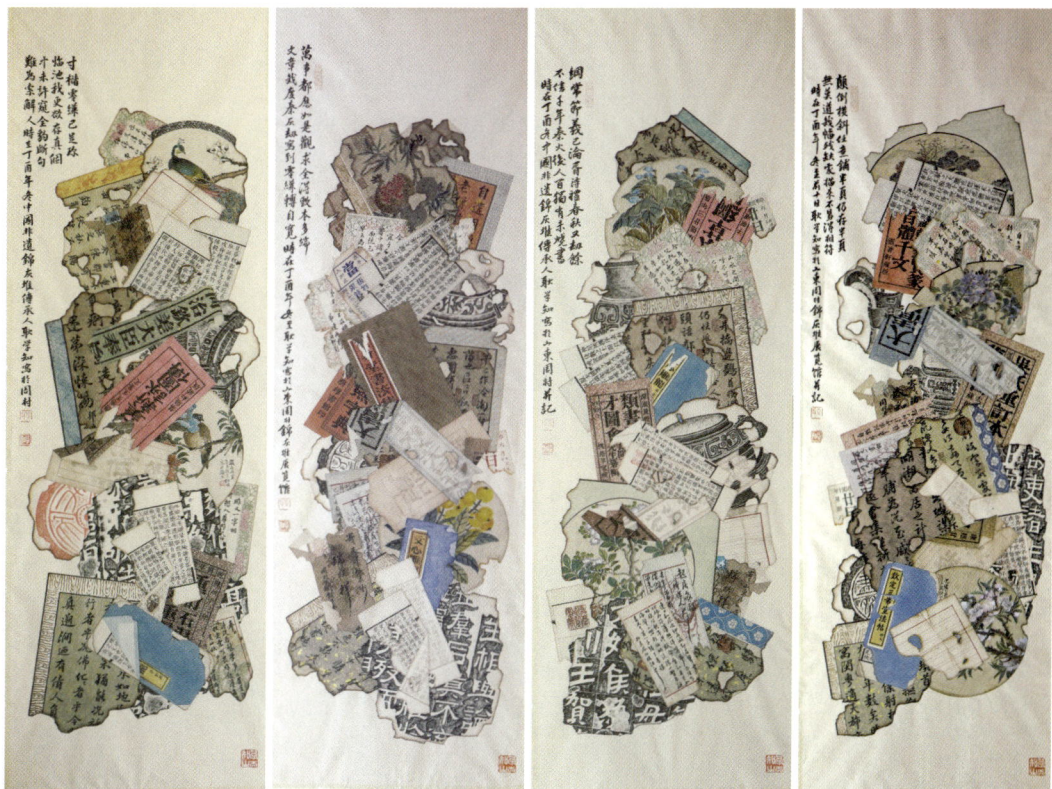

《锦灰堆四条屏》 耿学知

《锦灰堆茶具》 佚名

擅画国画，构图也比一般的国画山水、花鸟画严谨得多。并熟练掌握碑拓、篆刻等技法。锦灰堆绘制的几何图形，即使误差一毫米也会造成拉伸、错位等败笔。作画者"功夫在画外"，锦灰堆制作也是如此。为完成一幅锦灰堆作品，常常需要翻阅大量的古籍资料，甚至去古玩店寻找相应年代的宝贝。锦灰堆创作复杂而漫长，还体现在染色作旧费工费时。有时一片残片需要染十几遍。由于绘制难度大，耗时长，故而具有极高的艺术价值、收藏价值。

锦灰堆描绘的内容是杂物残片，锦灰堆绘画的核心艺术表现形式就是把完整的原物画成残片。这些杂物需要平时多看多积累，并且要记在脑子里。锦灰堆没有指定的绘画模式，或大小反正，或颜色反衬，或疏密聚散。锦灰堆是中西文化交流的集中体现，是中国画中的超级写实，在二维的纸面上表现"折叠"，既真实又具有强烈的趣味性。

对锦灰堆最好的传承就是去创新，让古老的艺术焕发出新的活力。可以对锦灰堆的主题、构图方式、大小、方向、色彩搭配及装裱方式等做系列的创新尝试。一张"锦灰堆"几乎囊括了中国的诗书画印等众多传统元素，是一门综合性艺术，具有极高的观赏性，带给人一种缺憾美、联想美，研究此艺术对传承中国书画技艺有着重要的意义。

《锦灰堆茶具》 佚名

乳山镂绣　李霞

　　乳山镂绣又叫扎目，俗称"棉麻布扣眼绣花"。是乳山的一种民间传统手工艺品，属于山东抽纱手绣产品中的一类。乳山镂绣的生产加工主要分布在乳山市人口密集、交通便利的乡镇。2013 年，乳山镂绣被列入第三批山东省省级非物质文化遗产扩展名录。

　　乳山镂绣起源于 19 世纪末，英国长老会传教士莉莉·马茂兰女士在烟台开设教会学校，一边传教一边传授抽纱技艺，其中就包括镂绣绣花产品。烟台地区妇女心灵手巧且手工廉价，英国商人使其按照欧式图案和针法制成产品，返销英国。20 世纪 20 年代初，烟台客商来到乳山撒货加工，大多数农村妇女务农的同时在家中从事镂绣绣花产品的制作。经过多年的发展，乳山镂绣在抽纱制品中自成体系，从业人数逐渐增多，生产规模不断扩大，一度成为乳山出口贸易中的支柱产业。1956年，建立了乳山县手工艺品合作社，主要的经营产品就是棉麻布镂绣绣花大套。1980年和1981年，"乳山"牌棉麻布扣眼绣花大套分别荣获山东省优质产品称号和部优称号。产品发展迅速，品种增加，花样达到1200多个，远销日本、意大利等60多个国家和地区，在国际市场上享有"抽纱灵魂"之美称。1988年，棉麻布扣眼绣花大套荣获中国工艺美术百花奖银杯奖。1991年，山东乳山工艺品集团工业公司生产的扣眼绣花大套在北京博览会上荣获银奖。20世纪末，乳山镂绣是传统手工艺品出口创汇的榜样，这离不开乳山几代人对镂绣技艺的创新和发展，他们从传统文化中吸取养分，与地方特色相融合，成为中西方技艺和文化交流的典范。

乳山镂绣独特的艺术效果主要来自于其特有的工艺制作手法。乳山镂绣的颜色以白色、本色、元白色为主，使用优质棉麻布或麻布，通过刷花、抽丝、勒网、掏边、刻边、漂洗、上浆、熨烫八道工序手工制作而成。乳山镂绣的特色是通过衬托

《乳山镂绣》 张连芝

来表现主题图案。主题图案以外的部分按照一定的规律抽丝形成方目，利用具有规律美感的方目来反衬明布上的主题图案。方目要清楚、目数需标准，这样才能细致而准确地衬托出主题图案。主题图案的塑造，需应用抽丝编花工艺，这样镂绣的丰满感和立体感就很好地体现出来了。乳山镂绣的美感主要体现在主题图案造型丰满，画面层次分明、相互映衬，有着浮雕艺术般的立体效果。棉麻布扣眼绣花产品源自西方技艺，又融入中国传统的民族风格和织绣技法，图案中西合璧、简洁大方，成品细腻典雅，明暗相间，如细密的镂空布料上盛开出了美丽的图案。

乳山镂绣的制作需要经过八道主要工序。

第一道工序是刷花。刷花需要三个步骤循序渐进完成。第

《乳山镂绣》 张连芝

《乳山镂绣》 佚名

一步是制作蓝色的固体染料。通过工业蜡加热熔化加入蓝色粉末染料并搅匀、冷却而成。第二步是用玻璃纸覆盖在准备好的主题图案（花稿）上，用刺样针在玻璃纸上刺出相应的图案后在平整的案板上将刺好的图案平铺在面料之上。第三步是用麻质毛刷蘸取煤油，在染料块上反复擦拭以蘸取染料，然后用沾满染料的毛刷在玻璃纸花稿上擦拭，可以多擦几遍使得花样透过玻璃纸印在面料之上。

第二道工序是抽丝。把印好的面料用木撑展开并固定，按照花样用剪刀抽去相应的经、纬丝，就形成了有规律的网状组织。

第三道工序是勒网。用针线将网眼缠勒成方目，缠勒要注意匀和齐方能美观，通过方目的缠勒来形成设计好的图案。

第四道工序是掏边。沿勒网的图案边缘，用针线连缀图案边缘的三根纬线，通过这道工序使得边缘整齐、牢固。

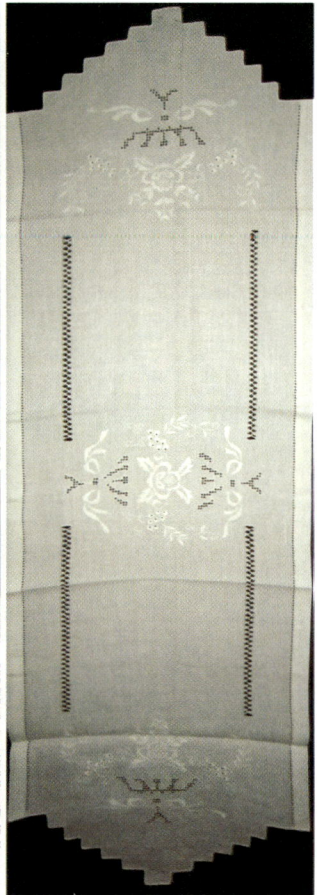

《乳山镂绣》 张连芝

第五道工序是刻边。沿着掏边边缘把外围的多余布料剪去，使得产品整体图案更加清晰、完整。

第六道工序是漂洗。需要用0.7%的草酸溶液浸泡产品8至10小时，刷花时残留在产品表面的染料就去掉了，捞出控干后置于清水中再用肥皂漂洗。

第七道工序是上浆。淀粉加水调成5%的淀粉溶液，把漂洗干净的产品浸透在淀粉溶液中，搅拌使得产品充分挂浆后晾干。

第八道工序是熨烫。用电熨斗把晾干的产品烫熨平整方可完成乳山镂绣的制作。

乳山镂绣产品色泽典雅、高贵大方，主要有床罩、台布、被套、盘垫、窗帘等家居用品，镂绣产品大多出口国外，如今在国外仍然深受客户喜爱，具有很高的社会价值。乳山镂绣还具有重要的历史价值，乳山镂绣的发展历程，也是乳山历史的一段缩影，见证了国内外经贸往来的历史。目前乳山从事镂绣的人从20世纪中后期的六万多人一度锐减到不足200人，并且她们的平均年龄也都在六十岁以上，从业者中年长的高达七八十岁，年轻人几乎无人愿意学习并掌握这项技艺。我们需要加强乳山镂绣技艺传承人的培养，使其在新时代良性而可持续发展下去。

文登鲁绣　李霞

　　鲁绣历史悠久，自古以来属于中国八大绣种之一。据仰韶文化遗址中的刺绣残片考证，以及东汉《论衡》所记载，鲁绣是我国起源最早的绣种之一。2009年，文登鲁绣被列入第二批山东省省级非物质文化遗产名录。2020年，鲁绣被列入第五批国家级非物质文化遗产名录。

　　"中国工艺家纺名城"文登具有"鲁绣之乡"的美誉。文登鲁绣独特的艺术风格与文登鲁绣的历史有着密切的联系。清代以前，文登的妇女在农闲时节，三五成群地聚集在一起，习惯一边聊天一边在叫作"撑子"的绣花架上飞针走线，运用多种技法，在被褥、枕头、肚兜、鞋帽、帐帷、衣裙等上面刺绣各种精美的图案。1888年，美国传教士乔治夫妇在登州府（今文登）创办"教文会女校"，向

《荣华富贵》 田世科

《富贵大吉》 鞠英波　　　　　　　《荷塘清韵》 田世科

学生教授编制花边的技艺。1895年，英国传教士马茂兰将西欧刺绣、抽纱工艺传到文登。这些西方工艺与文登地区民间传统的刺绣相融合，经由心灵手巧的文登刺绣艺人演绎出具有浓郁的地方特色的刺绣技艺。据《文登市志》记载，1936年，文登境内刺绣抽纱大小庄号有517家之多，从业人数近2000人。新中国成立后，1955年文登绣花厂成立，后又成立多家抽纱刺绣厂，文登鲁绣的企业化和规模化发展为"鲁绣之乡"的繁荣打下良好的基础。

　　文登鲁绣图案中西合璧，具有构图简练、色彩典雅、虚实结合、形象逼真的艺术风格。这也使文登鲁绣比传统鲁绣有着更加旺盛的生命力。文登鲁绣融合西方技艺，针法奇特多变，极富装饰性和立体感。在针法上，它吸取苏、湘、蜀、粤等传统刺绣的优点，融合欧洲刺绣与抽纱之精巧独特，创造出了"抽、绣、编、锁、勒、挑、补、雕"等工艺技法，作品

《三羊开泰》 田世科

在视觉上有更丰富的立体效果和更多的层次感。刺绣工艺可以任意搭配，用几十种不同颜色的绣线，经平针编结，巧妙地将组花、连花、衬花连接在一起，也是鲁绣工艺的一大特色。文登鲁绣的纹饰选材比较广泛，内容丰富，造型以植物和动物纹饰为主，此外也有文字、绘画和几何图形。植物类的纹饰有梅、兰、竹、菊、桃花、石榴、牡丹、荷花等；动物类纹饰有凤凰、孔雀、鸳鸯、喜鹊、金鱼、蝴蝶、蜻蜓等。这些纹饰通常采用象征、比拟、谐音等手法来表达人民群众喜闻乐见的吉祥寓意。比如牡丹象征了富贵，葫芦代表福禄，葫芦的茎叶绵延，代表了子孙兴旺绵绵不绝。再比如用"鱼"谐音"余"，表达了人民对生活富足的渴望。随着时间的推移，鲁绣技艺与材料都在发生着变化，而文登鲁绣中包含的对生活的美好祝愿是不变的。文登鲁绣的工艺种类非常丰富，工艺类型有雕平绣工艺、满工扣锁、异彩双面绣、祥龙绣、云龙绣等。比较有代表性的雕平绣工艺，又包含平绣、扣锁、抽丝、扭鼻等几十个工种的绣花工艺。针法疏密有致、精巧绝伦，纹饰平凸结合、镂空抽丝，形成若隐若现、玲珑剔透的美感，有"布雕"之誉。

文登鲁绣的制作工具是撑子，绣布是棉麻布，绣线以俗称"衣线"的较粗的加捻双股丝线为主。运用几十种不同颜色的彩色绣线，经平针或编、结、缀、打、补、贴等多层次的"抽绣"的手法，制作出各种中西合璧的纹饰纹样，形成了文登鲁绣浓郁的地方特色。绣品既有日常生活用品和服饰，又包含观赏性强的艺术品。要完成一件艺术程度较高的作品，有时需要耗费三四个月甚至一年以上的时间。日用品类有台布、被单套、枕套、床罩、琴罩、盘垫、靠垫、坐垫等，纹饰精美，色

《环翠楼照片》 田世科

《生机》 田世科

调素雅，和家具或其他有色物体搭配，形成层次感，有很高的
艺术欣赏及实用价值，在国内外享有很高的声誉，是装饰大雅
之堂和布置家庭的珍品，深受国内外客户的喜爱，产品曾远销
意大利、美国、日本等 50 多个国家和地区。

　　文登鲁绣在发展过程中把欧洲刺绣的精巧、高雅、华丽的
风格融于传统鲁绣中，形成了传统鲁绣技法与西方工艺相结
合、传统鲁绣艺术与现代装饰艺术相结合的刺绣技艺。为了更
好地传承文登鲁绣技艺，文登区与企业合作，设立专项基金，
积极培养鲁绣技艺传承人和研发设计人才。近年来，文登区鲁
绣行业每年设计开发的新花样都在 2000 个以上，平均每天就有
6 个新花样问世。同时在山东大学、山东工艺美术学院等院校
设立实践基地，培养后备人才。文登已成为中国鲁绣制品重点
出口基地。

曹州面人 骆淑丽

曹州面人是长期流传于山东省曹州地区的一种民间面塑艺术，是遍及黄河流域的民间面花的一个分支，至今已有160多年的历史。它是以食用面粉和糯米粉为主要原料，加入适当颜料，分别和成不同颜色的面团，用手捏制成各种各样塑像的传统塑作艺术，由于它制作精巧，形象逼真，逐渐形成一种富有观赏价值的艺术品。曹州面人造型简练生动，形象逼真传神，比例夸张适当，堪称中华民间艺术的瑰宝。2006年12月，曹州面人被列入第一批山东省省级非物质文化遗产名录。2008年6月，曹州面人被列入第二批国家级非物质文化遗产名录。

曹州面人是在古代祭天地、敬鬼神的"花供"基础上发展起来的。"花供"原是一种面食特色供品，包括人物、动物、花草、瓜果、建筑物等多式

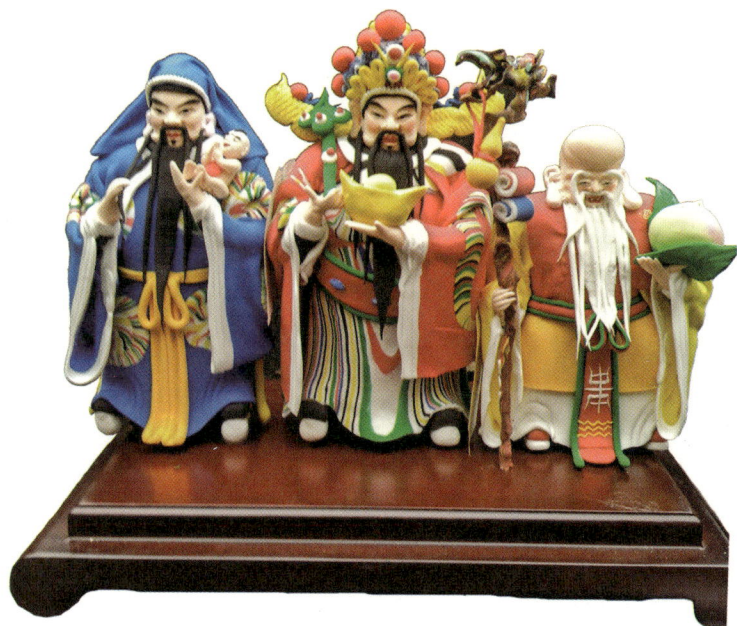

《福禄寿》 李双虎

《杨家将》 穆绪建

《断桥》 穆绪建

多样的塑像，因为它造型优美，色彩艳丽，被称为"花供"。咸丰二年（1852年），江西弋阳的米塑艺人王清原、郭湘云来到山东菏泽（即古曹州）解元集乡穆李村卖艺，与当地的面塑艺人郝胜、杨白四合作，把米塑艺术与面塑艺术相结合，用可塑性很强的小麦面粉和质地黏糊的糯米粉混合作为原料，捏出的面人不仅好看，而且挺脱，在色彩和造型上也更加细腻，便形成了今天的"曹州面人"，并逐渐摆脱了充当民间祭神"花供"的民俗功用，成为一种集观赏性和把玩性于一体的民间工艺品。穆李村一带成为菏泽面塑艺术的发源地，"天下面塑出穆李"的说法也因此而来。

在表现内容上，曹州面人多以动物、神话传说、历史故事及地方戏曲中的人物为题材。在色彩搭配上，用色大胆、色彩艳丽、对比强烈。在制作形式上，基本分为"签举式"和

《穆桂英》 李双虎

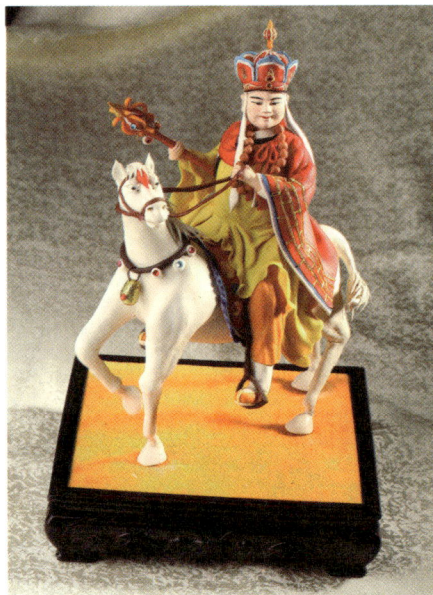

《唐僧》 李双虎

《寿星仙翁》 穆绪建

"案置式"两种。"签举式"多为娱乐儿童的食玩品，造型简略，形态生动；"案置式"则是雅化的陈设艺术品，做工考究，造型精致，需在原料中混入添加剂作防裂、防虫、防霉处理。在制作方法上有"一印、二捏、三镶、四滚"的说法。在制作工序上，主要有揉球、搓条、搓花条、拨花、搓串珠、贴面花、压花纹、延展、拨切、挑等步骤。面人制作一般先采用捏、搓、揉、掀等手法塑造大体形制，再用竹刀灵巧地点、切、刻、划，刻画手脚、头面、神情等局部细节，最后加上发饰、衣裙及相关插件，作品即告完成。

曹州面人具有中国民间艺术造型简约、粗犷生动的特征，而且简单易学，有很强的亲和力和极广的受众面，深受广大人民群众的喜爱，具有长久的生命力。

曹州面人来源于生活，乡土气息浓郁，是中国乡土文化的

《牡丹仙子》 陈素景

《新疆丰收舞》 陈素景

《京剧青衣》 陈素景

《桃园三结义》 陈素景

《钟馗嫁妹》 陈素景

重要代表，具有造型概括、简练生动、形象传神、比例适当、色彩艳丽、风格淳朴的特点。经过几代面塑艺人的传承发展，曹州面人的表现形式不断拓展，除了保有原先的乡土气息外，又融入了现代绘画、雕塑等艺术形式，造型更加生动，表现更加丰富，具有很高的艺术欣赏和研究价值。

曹州面人作为一种艺术品，不但在国内拥有广阔的市场前景，而且在国外也有极大的市场。但 20 世纪 90 年代以后，随着经济的发展和社会生活需求的多样化，人们对传统面塑的热情逐渐减弱，曹州面人的传承发展面临严重危机，一度出现衰退。在倡导民族文化复兴、民间文化挖掘的今天，面人艺术又重新焕发出新的生命力，不论是过去、当下，还是将来，高水平的面塑作品都具有极高的欣赏、研究和经济价值。

济南面塑　骆淑丽

面塑，俗称"捏面人"。它以糯米粉和食用面粉为主要原料，调入不同色彩的颜料和防腐剂，捏制出各种栩栩如生的塑像，是一种传统的民间塑像艺术，曾在鲁西南地区广泛流传，极具影响。济南面塑发源于山东省菏泽地区，自清末传承至今已有100多年的历史，是济南工艺美术中最具地域特色的种类之一。2009年9月，济南面塑被列入第二批山东省省级非物质文化遗产名录。

山东面塑起源于曹州（今菏泽市），而济南面塑正是菏泽面塑的正宗传承地。山东面塑的代表人物、一代宗师李俊兴老先生（1893—1980）可谓是济南面塑的先驱。1908年，李俊兴从菏泽来到济南，在大明湖畔卖艺，开创了济南面塑的先河。1956年，创立了"济南面塑合作社"，李俊兴任主任，开始

《六臂观音》 董凤岐

合作经营；1959 年，成立了"济南工艺美术研究所"，李俊兴被聘到研究所传授技艺。这一段时期是济南面塑发展的黄金期，面塑艺人由原来的民间手工艺人变成了国家的正式工人、民间艺术研究者，有的还成了全国工艺美术界老艺人代表并享受国家津贴。1978 年，新的"济南工艺美术研究所"成立，李俊兴与其弟子李芳阁、李芳清、何晓铮等人共同成立面塑研究组，再次撑起济南面塑的大旗。山东面塑源于菏泽而秀于济南，济南面塑与菏泽面塑一脉相承，风格相近，但又受到迥异于农耕文化的济南都市文化的影响，形成了自己独特的风格。

济南面塑在表现内容上，题材广泛，囊括了传统经典、神话故事、人物时事、动物卡通等多种内容，近年来在题材选择

《八仙过海》 董凤岐

《关圣帝君》 张建朋

《钟馗》 张建朋

上注重与体坛、时事相结合，将时尚元素、生活元素融入作品中，体现了传统艺术在当代生活中的创新发展。在色彩搭配上用色丰富而不媚俗，色泽艳丽而变幻多端。在表现技法上手法细腻，制成的人物形象、衣饰、容貌逼真传神，具有极强的表现力，特别是对中国古装戏剧人物的塑造，尤为传神。在表现形式上，有传统类面塑、浮雕类面塑、微型类面塑、超大中空类面塑、仿真类面塑、水晶类面塑等多种类型。济南面塑兼具北方豪放与南方婉约之双重特征，集具象写实、抽象写意等艺术风格于一体，具有极高的美术欣赏价值、学术研究价值和艺术收藏价值。

济南面塑的技艺传承，至今一直没有中断过，而且不断创新发展，这也使得济南的面塑水平在全国处于较高水准。现代济南面塑界人才辈出，以各自的特色和市场共同形成了济南面塑圈，主要由何派面塑、学院派面塑、传统面塑、清风面塑等

《东方朔》 张明彦

《林和靖》 张明彦

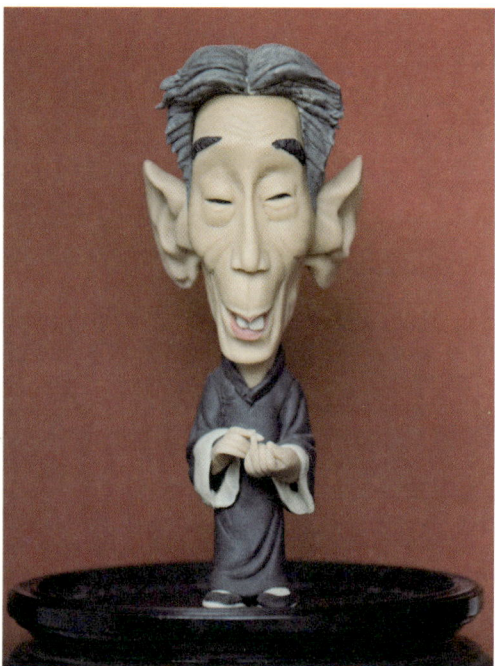
《马三立》 张明彦

《老子出关》 张明彦

组成。从传承谱系上来讲，其主要分为两派：一是菏泽的"面人李"（李俊兴）及其弟子与后人，包括与"面人李"一脉相承的何晓铮（1939—2016）创建的何派面塑；二是济南学院派代表人物、北京汤派传人董凤岐及其弟子。目前，济南面塑艺人影响较大、比较活跃的群体是以何晓铮为代表的何派面塑和以董凤岐为代表的学院派面塑。

何晓铮是李俊兴的关门弟子，其作品艺术特色秉承了山东传统面塑一气呵成、色彩鲜明的传统，具有制作快、色彩艳而不俗、造型生动形象等特点，作品在格调上既保持韵味十足的传统特点，同时又融入现代元素，创作出了许多文学气息较浓、艺术含载量较多的创新作品。何晓铮在全面学习探究和深刻领悟山东面塑传统技艺的基础上，依据自己丰富的艺术实践，孜孜以求新的面塑技艺，先后创出了多种面塑艺术形式，

《青年突击队》 曲玉双

《红楼梦人物赖升》 董凤岐

《吹笛仕女》 董凤岐

创立了中空大型（高五六十厘米）面塑、壁挂式大幅浮雕式面塑、水晶面塑等，均是当今面塑艺术领域的新成果。

　　董凤岐于 1959 年考入原中央工艺美术学院（现为清华大学美术学院）陶瓷系面人汤工作室，成为当年"面人汤工作室"全国唯一弟子。其面塑技艺由面人汤（子博）先生亲自教授，又接受了现代造型艺术的教育，因此，她的作品不仅继承和发展了汤派面塑的传统特色，还融合了现代造型艺术的精华。在泉城生活 40 载，她的作品又融入了许多济南元素，从而形成独特的艺术风格。董凤岐的面塑作品技巧纯熟、刻画细腻、敷色华丽、结构准确，制作过程干净利落，尤其擅长塑造古典美女。作品人物造型精美、姿态各异、色彩华丽、神态生动、色调明快，具有情节生动、内容丰富的特点，尤其是面部的技巧表现更是传神。

旧社会，面塑艺人"只为谋生故，含泪走四方"，他们的作品被视为小玩意儿。如今，艺人们创作面塑，早已不是为了谋生活，而是转入对艺术更高造诣的追求。济南面塑艺术作为珍贵的非物质文化遗产受到重视，走入艺术殿堂，成为美丽泉城一张靓丽的名片。

《孔雀》骆遂

高密半印半画年画

骆淑丽　孙宪喜

　　高密半印半画年画是一种流传于山东高密的传统民间艺术,至今已有 300 多年的历史,是高密扑灰年画在其发展过程中受天津杨柳青年画的影响,与高密扑灰年画相伴而生的民间艺术奇葩。清康熙初年至嘉庆年间(1670—1810 年),高密人将当地的扑灰年画与天津杨柳青年画相结合,取长补短、改革创新,推出了以线版印轮廓,局部施以彩绘的新型画种,即"半印半画年画"。2009 年 9 月,高密半印半画年画被列入第二批山东省省级非物质文化遗产名录。

　　"半印半画",即先用木版雕出画面线纹,然后用墨印在纸上,套过两三次单色版后,再以彩笔填绘。所刻线版大多沿用扑灰年画原手描图样刻成,取代了扑灰年画当中的"扑灰""勾线"等工序,

《李铁拐》 孙宪喜

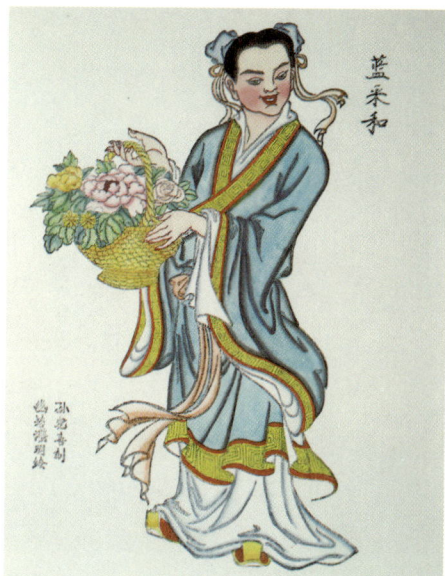

《蓝采和》 孙宪喜

《麻姑献寿》 孙宪喜

《金鱼献宝》 孙宪喜

《刘备娶亲》四条屏　别世杰

填绘与扑灰年画的画法大同小异，从某种程度上可以说是扑灰
年画的半成品。它摆脱了纯手工绘制的约束，大大提高了年画
的生产效率。由于线版简化了纯手绘年画的难度，从而拓宽了
作品的题材面，吸引了一大批擅长手绘年画的艺人加入到绘制
半印半画行列当中。据史料记载，清末仅东李家庄就有数十人
专事刻版业，创制半印画样 200 多种，其盛况可想而知。

　　高密半印半画年画所表现的题材范围非常宽泛，不局限于
日常生活的人和事，还包括神像类、戏曲人物类、人物传说
类、山鸟花卉类等多种题材，表现形式为窗顶、窗旁、桌围
子、桌子头、炕头画、门神、财神、家堂、配轴等，按照不同
的民俗功用，大量行销于市。

　　半印半画年画具有独到的艺术特色：造型上追求尽善尽

美，画面人物完整；擅用隐喻象征手法，画中有意，如用飞舞的蝙蝠隐喻"福在眼前"，用石榴隐喻多子多贵，用蝙蝠、鹿和仙鹤隐喻福禄寿等；画面主要人物突出，次要人物较小，在画面上大小对比强烈；以少喻多、虚实远近的情况，在画面上交代得一目了然。

在制作工艺和流程上，主要有以下步骤：

1. 起稿。用柳枝炭条代替画笔，在纸上勾画出轮廓，画出灰稿。样稿大多采用扑灰年画原手描图样。

2. 刻版。将画好的灰稿反贴在选好的梨木板上，待画稿干后进行雕刻线版，要求线条挺拔流畅、疏密相宜、刚中有柔。

3. 印制。将刻好的版用"蜡垫子"固定在案子的一端，再把纸用压杠固定在案子另一端，开始印制。

《狮童进宝》　齐传新

《敦煌华盖观音菩萨》 孙宪喜

《敦煌大势至菩萨》 孙宪喜

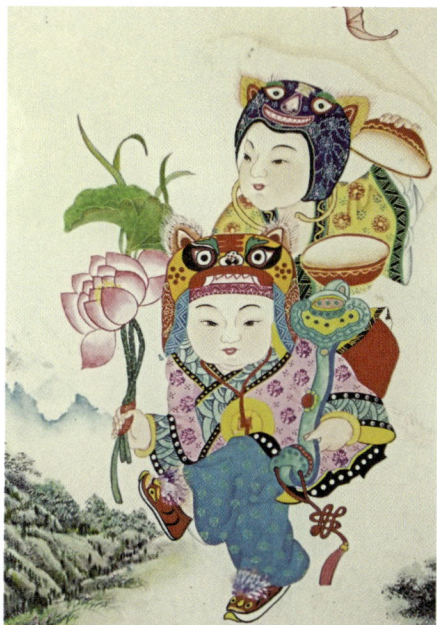

《和合送福》 别世杰

《一山一水一圣人》 别世杰

4. 粉脸、粉手。用白粉调大红或者桃红色，均匀地涂抹在人物的脸部和手臂上，使人物看上去红润、富有弹性质感。

5. 开脸。用毛笔蘸取深褐色，轻轻勾画脸部及五官的轮廓。

6. 熏脸。用桃红色加适量墨，涂在眼窝及鼻洼处，类似素描中的黑白灰，使脸部显现出凹凸明暗的最佳效果。

7. 涮脸、涮手（染脸、染手）。近似于工笔面中的渲染技法。用特制扁笔，一边蘸颜色一边蘸水，在人物的脸上涂上均匀的桃红色，然后再涮手部。

8. 立眼（粉眼）。用白色在眼部画出白眼球。

9. 乌眼（点睛）。用淡墨涂在眼珠的内部，画出黑眼球。

10. 开眉眼。用毛笔蘸重墨，画眉毛、眼睛的上眼线以及黑眼球的外廓部位，然后用重墨点在黑眼球的中央画出瞳孔。

11. 点嘴。用大红或者桃红色画出嘴的形状。

12. 丝头发、耙头发。丝头发是用特制细软羊毫,把头发一根一根地提画出来;耙头发是用特制扁笔蘸浓墨画出头发的刘海。

13. 上色。根据题材内容需要和消费者的审美观,在画面不同的部位涂抹不同的颜色,自上而下,先淡后浓。

14. 涮道(染道)。用一支扁笔一边蘸颜色一边蘸水,画服饰的皱褶、边廓或山水、花卉中的线条,以增加色彩的明暗层次感。

15. 涮花、点叶、撇草。技法如同染道。涮花也叫染花,是在合适的部位点缀上花卉图案;点叶是给涮在衣裙上的花配上

《观音菩萨》 齐传新

《五子献寿》 齐传新

叶片；撇草指的是给画面中主体之外的涮花上配上叶草。

16. 描粉。在服饰或器物的重色部位，加画白色线条或图案，以增加其装饰效果。

17. 画金（描金）。用金粉在服饰上描画吉祥图案进行装饰。

18. 磕花。磕花就是用艺人自制的花磕子蘸上颜色，像盖图章似的在人物头部及衣裙上磕上花卉图案，布局要合理耐看。

19. 罩明油。明油是用松香和酒精按一定比例调和熬制而成，一般涂于头发、衣裙等，以及用化工颜料描绘的部位。罩明油的年面不能裱糊。

20. 耙胡须、丝胡须。技法同耙头发、丝头发。耙胡须是用特制扁笔蘸浓墨画出如丝的胡须；丝胡须用特制细软羊毫笔蘸浓墨，把胡须一根一根地提画出来。耙胡须通常在着色和罩明油之后进行。

21. 刷边、裁边。在画好的年面上，用颜色刷上边框，然后裁齐纸边。

22. 题款成画。在画面适当的空白处题款，标印上店记（现在多盖艺人个人图章）。

高密半印半画年画已伴随着高密人民走过了300多个年头，在风风雨雨的发展过程中，它不仅是劳动人民谋生的手段，也成为人民群众精神文化生活中不可缺少的精神食粮，它体现了劳动人民创造生活的智慧和向往美好生活的愿望，又是对外广泛联系交际、扩大贸易、增强民间文化交流的重要载体，同时，它也见证了劳动人民在长期的生产生活中所创造的艺术价值和艺术生命力，受到了人民群众的普遍喜爱。

东明粮画制作技艺

来欣宇　韩国瑞

拥有 1700 多年历史的东明粮画，其起源可以追溯到当地古代民间节庆祭祀祈禳活动，历代民间艺人对五谷杂粮的颜色和形状做到熟稔有加，并利用瓷器、模板或花馍等媒介拼粘粮食，形成了中国传统社会粮画中的具有代表性的流派，其民间工艺寓意国泰民安、五谷丰登、吉祥如意、喜庆幸福等，寄托了黄土地上的人们积极向上的乐观精神以及对美好生活的希冀，使得这种民间艺术处处充满着"有意味的形式"。2016 年 12 月，东明粮画制作技艺被列入第四批山东省省级非物质文化遗产名录。

粮画始于东汉末年的民间信仰，老百姓将五谷杂粮看作凝聚天地之精华的吉祥物，因此将其用于辟凶邪、镇污秽的民俗活动中，老百姓充分发挥聪明才智，用粮食拼粘成各种惟妙惟肖的图案，用以祈福消灾，这几乎可以看作粮画艺术的发端。由于地理环境的不同以及地域文化的差异，粮画的材质以及形式在各地也多有不同，在全国形成了诸多粮画流派，叫法从五谷画、百米图、粮艺到米画、福籽绘、豆粘画等，亦多有不同。

《王者雄风》

关于东明粮画，在当地一直流传着一个动人的传说。相传清乾隆时期，曹州（今菏泽）连遭三年大旱，贪官污吏横行，民不聊生，当地画家赵树屏悲愤难忍，受粮食作画的启发，恳请东明县孔北城村的粮画艺人孔宪柱将灾情用粮食拼粘成陈情书，连同自己画的《饥民图》等画稿，冒死进京，一起呈报朝廷，乾隆见后果然非常重视，下令查办，终使曹州饥荒终得以缓解，为表彰赵树屏的功勋，地方学宪赐以"耆龄孺慕"的匾额。

新中国成立后，东明粮画艺术与时俱进，孔宪柱的后人孔维宽和妻子赵桂芳又创作出伟人头像、毛主席诗词等红色题材系列的粮画作品，歌颂新中国，宣传主旋律，在当地乡村精神文明建设中发挥了重要作用。孔维宽为使东明粮画代代相传，编写有《孔北城粮画绘本》一书，传与其外甥韩国瑞，保留至今。

《层林尽染万山红遍》（局部）

粮画创作

《孔北城粮画绘本》

东明粮画分为原色粮画、染色粮画和合成色粮画。原色粮画，即以天然种子颗粒的本色为基调，运用其原色创作而成的粮画，缺点是颜色单调、灰暗，色彩变化少。染色粮画即将种子进行染色处理后创作而成的粮画，画面虽然更加绚丽生动，但缺少了天然和谐的特性。合成色粮画是以原色种子为主，染色种子为辅，互相搭配使用创作而成的粮画，优势互补，是最为常用的一种粮画创作方式。

东明粮画作画工具简易，有毛笔、画笔、尺子、剪刀、刀片、镊子、竹签、糨糊等，都是日常所见，

《葫芦》　　　　　　　　　　　　《花开盛世》

使用方便；东明粮画材料取材自然，所用粮食、草籽、菜种、草药、香料等材料，皆来自田间地头，天然环保；东明粮画制作工序繁多，从种子收集、挑选、储藏、防虫，到画面构图、配色、拼粘、修补，再到作品防腐、增亮、加固、装裱等，要经过二十多道工序才能完成；东明粮画创作技法多样，有粘、贴、拼、接、雕、堆、撒、压等手法，作画时可根据画面需要，灵活运用；东明粮画吉祥图案丰富，有福寿双全、双喜临门、招财进宝、吉庆有余、五谷丰登等百余种传统图案，可以根据民俗活动主题选择相应图案进行制作。

东明粮画制作技艺历史悠久，风格独特，题材广泛，图案丰富，地域特色鲜明，乡土气息浓厚，它的传承群体与作品内容，从一个侧面反映了当时生产力的发展水平，可供我们了解不同历史阶段的社会面貌、风俗习惯、审美情趣等，具有重要的历史价值。

东明粮画作品造型以吉祥文字、传统纹样和写意花鸟为主，常运用借喻、双关、象征及谐音等手法，表达美好寓意，寄托人们对生活的热爱和对美的追求，非常符合中国人表达情意时借物抒情、委婉含蓄的特点，饱含着丰富的造物思想，在美学领域中具有多方面的文化价值。

近年来，在东明粮画制作技艺第八代传承人韩国瑞的努力下，革新粮画防腐技术，创新粮画图案，带领团队利用"互联网＋"平台把粮画作品成功推向家居装饰、工艺礼品、商务礼品、旅游纪念品和私人订制等市场领域，并在农村地区采取集中免费培训，散户加工回收的模式发展粮画产业，助力精准扶贫，推动乡村振兴，多次受到各大媒体的关注报道，取得了较好的社会效益和经济效益。

《红梅报春》

《五谷缤纷　大地静美》

图书在版编目（CIP）数据

非遗之美：山东省非物质文化遗产赏析. 2 ／ 王传东
主编 . — 济南：山东教育出版社，2021.5
ISBN 978-7-5701-1803-8

Ⅰ. ①非… Ⅱ. ①王… Ⅲ. ①非物质文化遗产－赏
析－山东 Ⅳ. ①G127.52

中国版本图书馆CIP数据核字（2021）第156251号

FEIYI ZHIMEI
SHANDONGSHENG FEIWUZHI WENHUA YICHAN SHANGXI 2

非遗之美
山东省非物质文化遗产赏析 2

王传东　主编

主管单位：山东出版传媒股份有限公司
出版发行：山东教育出版社
　　　　　地址：济南市市中区二环南路2066号4区1号　　邮编：250003
　　　　　电话：（0531）82092660　　网址：www.sjs.com.cn
印　　刷：济南龙玺印刷有限公司
版　　次：2021年5月第1版
印　　次：2021年5月第1次印刷
开　　本：710毫米×1000毫米　1/16
印　　张：12.75
印　　数：1－3000
字　　数：166千
定　　价：99.00元

（如印装质量有问题，请与印刷厂联系调换）印厂电话：0531-86027518